大展好書 好書大展

大展好書 好書大展

與癌搏鬥記

逸見政孝／著
逸見晴惠／補筆
陳蒼杰／譯

48
健康天地

序言

電影畫面上出現的是胃部的X光片。旁白說明「是本片主角的胃，在幽門的地方已經有了癌的徵候，只是本人還不知。」這是黑澤明導演的電影《活著》的開頭部分。

這是我在一九六四年，剛考上早稻田大學的那一年，和朋友一起看的電影。之後，我就深深迷戀上黑澤明導演的作品，當時這一部《活著》就是引導我入門的作品。

在這部電影中，志村喬扮演的角色是一位每天每天只是重複蓋章的動作，過著無聊枯燥、貧乏至極公務員生活的課長。他因為感冒不適，檢查後才知道自己已患了癌症。結果他將自己所殘留的生命，奉獻投注在兒童公園的建設計畫中。全力地和公家機構特有的困難及所剩不多的生命搏鬥著，突破重重難關後，公園終於完成了。而就在一個飄著雪的日子，他在公園裡邊輕輕地盪著鞦韆，然後默默地就死在鞦韆上了。

電影所使用的主題曲是gandala（風尾船）中的一節「生命是短暫的——少女們勇敢戀愛吧！」令人留下深刻的印象。

作夢也沒想到，看了這部電影之後三十年，我竟也被宣告患有癌症，甚至經由電視媒體等公開發表。

生命，到底是怎麼一回事？如果生命被限定期限後，又該怎麼辦？這樣重要的問題就降臨到我的身上。

正對記者會所引起的意外迴響困惑之下，我想既然有這麼多的人關心我與病魔搏鬥的生活，和心理的種種轉折，我就有義務以某種形式把它記錄下來。所以我就開始實行了。

只要一想到，有更多的人正忍受著無比的痛苦，遭受更嚴酷的病情，拼命地和病魔纏鬥著……我就切身感到癌症的早期發現是多麼的重要。希望各位能了解這一點啊！

對於勇敢提出要為我進行手術的東京女子醫科大學教授羽生富士先生、喜多村陽一先生、多位醫師界的醫生，以及從全國各地紛紛寫信來激勵我的人們，我衷心地感激著。

逸見政孝

＊

「你選擇了一本很好的書。」

今後你打算怎麼辦？關心我的人這樣問我。傳播媒體上各種有關於我家負債和兒子太郎、女兒愛的問題，被紛紛報導著，同時也提出種種的臆測。而那些事實卻連我們當事人都不知道，但又逼真得像真正發生過。

因為實在是太突然了，所以我的心情還沒來得及調適好，對於日後要計畫些什麼，怎麼做的問題，可能還要一些時間，才有辦法想吧。

而有關於我丈夫的種種問題也被報導很多，這樣的狀況迫使我陷入無法相信任何人的處境。我應該可以相信誰呢？坦白地說，我實在感到前途茫茫啊！

但是，如果我一直持續消沈下去的話，不僅無法繼承我丈夫的遺志，同時也失去身為人母應有的責任。

我曾聽說過，當一個人失去配偶時，心情會沈陷到無法想像的深淵裡，而現在的我，就是如此。

每天以丈夫的工作為軸心忙碌著，再加上自己本身的事，於是忙得不可開交。其間可能遺漏許多原本該做的事，我現在深深後悔著。

只要一想到丈夫短暫的一生，就領悟到對於自己的生命，更應當趁早檢討。

今後，我將取代丈夫來處理家裡一切的事情。

但在這之前，應當先避免捲入一切非出於自我意思的流長蜚短中，把自己的心情好好整理一下。

一直到最後，還深信著自己能夠生還的丈夫，並未遺留下隻字片語就過世了，甚至連一張備忘字條都沒有留下。缺少的那張紙也許可以作為我日後生活方向指標的導引，我呆立著，茫然失措。

但仔細想想，才回憶起他原本就很少講話，並不是個多話的人，而我也不曾因他不說話，而去一一確認他的行為。雖然如此，也不曾發生過糾紛，感情也不因此產生摩擦。或許，夫妻生活就是如此吧。

一想起這一點，我就覺得不應該為了丈夫沒留下任何遺言，而深深引以為憾。一直到丈夫臨終之前，我們夫妻的相處方式都沒有變過。丈夫是個有原則的人，只要一接來信，無論如何，都會親自寫答謝函回覆。

在丈夫正式過與病魔搏鬥的生活前，他先向所有媒體表明已患了癌症。我想他就是要以這種型態，把他對社會的責任表達出來。可是，他對我們家族，在他逝世後該如何是好，卻沒有留下隻字片語，所以我只好循著以往我們家族處理的模式。

而我現在突然領悟出，我丈夫之所以沒留下隻字片語，就是因為他確信他即使什麼都沒說，我們也都會知道該如何去做。於是在這樣的想法下，日後無論再遭遇任何問題，相信答案都會浮現出來。

丈夫在十二月二十二日再度發作，到二十五日就斷氣了。接下來一連串包括守靈、下葬儀式等，使我在去年連停下來思考的時間都沒有。過了年後，到現在，每天的生活，還是沒有穩定下來。而在電視、新聞報導不斷之下，託它們之福，我慢慢地清醒了過來。

如果現在還繼續茫然著，可能就離我丈夫的遺志愈遠。所以我想早日恢復平靜的生活，把該做的事一一整理起來。

出版本書的計畫，則是丈夫生前就作好了。本來是準備生還後，就要出版這本「鬥病記」。

手術的經過良好，而且後來的檢查也沒有特殊異常的情況，所以他真的打算把這些記錄整理出來。但卻沒料到突然出現腸閉塞的狀況。我相信他一定感到非常遺憾。一想到此，我就不禁心酸。

因為「鬥病記」並未完成，所以我想完成丈夫的遺志繼續這項工作。因此我打算拾起禿筆，進行我並不熟悉的寫作工作。

在醫院時，因為丈夫無法拿筆，所以記錄的工作是由我們夫妻共同完成的。另外也有太郎和愛所寫的部分。

幸好我所做的，只不過是片斷補足丈夫所記錄下的事，可作為許多現在仍在搏鬥中的家族參考。

同時，若是把這本書看作為逸見政孝的追悼記，或是我們家族的回憶錄，我們就很感謝了。

最後，我對於正在天上提心吊膽看著我提筆寫這本書的丈夫，衷心地加以感謝。

逸見　晴惠

目錄

第二章 阿政，謝謝你

目　錄

第一章
癌症復發

記者會之告白

一九九三年九月六日，接近午後三點。

我正為數分鐘後即要舉行的緊急記者會，作最後的準備。髮型有沒有弄好？眼鏡戴正了沒？前面的門牙有沒有汚點？鬍子刮乾淨了沒……一切ＯＫ了。或許是因為太緊張的關係，當我看到浴室鏡中的自己時，卻覺得好像是個陌生人。

（我實在太過緊張了……）

穿上那套藍底有條紋的西裝，這是妻子最喜歡的。

下意識地拍拍西裝，看看鞋子，然後走向會場。

男人的一生將會遇到三次渡船——這是村田英雄已故妻子所說的話。這是當村田先生正對於他的人生，要不要掌握機會放手一搏而感到迷惑時，聽到太太這一番話，就有勇氣的大步踏出。

回憶過往，我已遭遇過二次渡船了。第一次，是以播報員身分服務於富士電視台的我，剛要進入公司的時候。當突破了二〇〇倍的難關後，還有六次審查，剩下的應試者也只有六人。除了我之外，還包括了松倉悅郎先生。而最後卻只要錄取三人。我跟松倉先生是屬於不同性質的人，但在大學四年間因為彼此擁有相同的目標——擔任電視播報員，而在一起。

「早稻田大學戲劇科的還剩下二人？你們會有一方落選？」

「那就不行了。」

若是我和松倉二人都合格的話，就表示這一年的錄取名額中，三人有二人是早稻田大學戲劇科畢業的。這可是前所未聞的事。可是，我無論如何都要合格。但雖然如此，我也絕不能背叛友誼。我，坐上了渡船。

結果，我們二人共同實現了這前所未聞的奇蹟，我們一起被錄取了。而這件事是我人生中，永遠鮮明烙印下來的記憶。

第二次的渡船，是從公司辭職出來，選擇從事自由業的時候。而促使我的動機是因在大田區東雪谷，首次分期付款建造屬於自己的房屋。

在剛蓋好房屋的一九八五年、一九八六年時，我兼差所得日漸增加，大約和電視台工作的收入相同。

「如以這種狀況持續下去的話，二十年的分期付款，應該在五年內就可完成。」

雖然我這樣想著，可是非常意外地累進稅額卻數額龐大。

這樣下去，工作愈多稅金愈多，還是沒有辦法早點付完分期付款的，妻子這樣歎息著：

「好奇怪，工作愈努力，生活卻愈窮困。」

就在這個時候，我一位要好的朋友向我建言。

「你兼差收入愈多，課稅愈多。財稅局對上班族總是嚴苛的。」

「你可有好的對策嗎？」

「出來當自由業者就可以了。因為必要經費可以被認可，就不會像現在一樣從薪水中支付服裝費，負擔也就會較輕了。」

那一年，是我進入富士電視台的第二十年。同時，也開始站在擔任新人教育的立場了。

然而，我坐上了這第二次渡船離去了。

當我一進入電視台的G攝影棚時，聚集了很多的記者。

從當播報員以來，由於天性使然的我，當面對這個場面，還是能保持鎮定。

但是，和以往不同的，這一次我明白地意識到第三次渡船已經來了。

約定的時間到了。閃光燈都打開了，好幾部的攝影機都對著我。我坐上船了。現在船已經離開岸邊了。我已經不可能回去了。

和命運搏鬥的生活，現在開始了。

九月三日（星期五）

我被介紹認識東京女子醫大消化器疾病研究中心的所長、羽生富士夫教授。

我的妻子和親朋好友們都曾要我到「其他的醫院去檢查看看」，但我因怕違背了我絕對信賴的前田先生，所以再三考慮之下，還是拒絕了。

最後，接受了妻子的意見，去接受診察。

和妻子二人來到東京女子醫大的候診室。到了約定的時間（上午九時三十分），三木社長到了。然後，被帶到所長室的我，聽從羽生教授的話，躺在牀上，開始接受觸診。

「已經很嚴重了，為什麼一直拖，不治療呢？」

羽生教授，摸著我的腹部大聲叫擔任醫生的喜多村先生「馬上進行檢查」，作了緊急檢查的指示。

斷層掃描，超音波……等有順序地進行檢查。所有的程序一直到十一時半才結束。

把衣服整理好回到前面等候。

「逸見先生，檢查的結果不好。已取得夫人的同意，坦白地告訴你……在腸內已發現有癌細胞了。」

羽生教授，以平靜的口吻親自宣告。其實，昨天（九月二日）前田外科就勸我去國立第二病院的放射科接受治療，我把這情形告訴羽生教授。

「不。因為範圍已經擴散了。若照放射線會有危險。腸壁並不是那麼牢固，所以在這狀態下不要照射放射線才好。所以我認為以這個狀況再接受放射線，是有問題的。」

「那怎麼辦？」

「選擇權在於你自己，你應該加以判斷。」

羽生教授沈默了一會，繼續說：

「依據我的觸診和緊急檢查的結果，斷定情況已經非常不好了，的確是惡化了。並不是怎麼做才完全的問題了。但逸見先生你如果說『羽生，我一切都託付給你了』我也會盡全力的。」

「那麽先生，我還能留下性命嗎？」

我凝視著羽生教授的嘴。

「這我也不知道。結果是神才知道的。只要逸見先生能以堅強的意志和癌症搏鬥，我們醫療人員絕對會全力配合。」

這就是要求我自己作決定了。我沈默了一陣子。

「我知道了。拜託你了。」

我的聲音沙啞了。

既然，有以上的決斷，病名就不能再隱瞞了。

事實上，今年二月進行手術時，我自己就知道我的病名是癌症，只是我怕引起太大的影響。所以在我和醫生商量之下，決定對外以「穿孔性十二指腸潰瘍」發表。所以表面上當然說手術很簡單、沒有生命危險。

可是，這一次情況就大不相同了。看看情形，大概至少要三個月以上的療養期。平常我就深怕會打擾多數人，所以現在更不能只作簡單的新聞報告，這樣是會對不起大家的。於是我拜託三木社長為我安排一個記者會，我要親自公開發表這件事。

熱烈的激勵

九月七日（星期二）

入院的日子。

明天還要繼續每日的例行檢查。現在，我躺在牀上，拿著筆記錄著，一切好像不關己事。因為我已充分體認，我患有癌症的事實，已到達不能不公開的程度了。妻子和女兒愛，考慮到儘量要使我保持開朗輕鬆，於是就在房間裡放了新拖鞋。這裡是病房。

昨天，當我自己知道了自己的病狀後，決定利用傳播媒體來公開發表。也許是想到要開記者會的情形，所以就勉力鼓舞著將要萎縮的自己。

而在這一禮拜之內，發生了許多事。

本來預定要讓治療癌症的世界權威，美國的康札雷斯先生進行診查，但後來因故取消了。然後，接受妻子的意見由前田外科轉到東京女子醫大。我覺得我這樣做是正確的，因為在有最新設備的醫院裡，可以得到坦白的診斷報告。和醫生一起向病魔挑戰，這是我贊同的方式。

我的人生，經常都是積極的，當然，我有時也會有情感上的退卻，但我不會從我自己身處的狀況中脫逃過，我認為這並不是解決的辦法，所以這一次也是如此，凝視著事實，勇敢地向前跨步，這就是我的生活方式。

九月十日（星期五）

坦白說，我沒有料想到我的記者會竟會在全國產生那麼大的廻響。這可能和一般現代人都具有容易被癌症侵襲的體質有關吧！

我的雙親和享天壽九十二歲的祖母，都和癌症無緣。可是我的弟弟憲治，卻因罹患癌症，很快地就離開人間了。

幸好，我現在的處境和弟弟的狀況不太一樣。弟弟完全是因為發現太遲了。可是，我會不會太遲呢？還沒打開腹部，還沒辦法知道。可能性大概是五五波吧。我賭下了這百分之五十。

手術預定在十六日進行。不管如何，我都要獲勝才行。
我寫信給遠在美國波士頓的兒子太郎。

太郎：

我覺得好像完成了非常偉大的事。

記者會當天，各民營電台都在晚間六點的新聞報導出來，然後連續一個禮拜的新聞追踪，都作有關爸爸的病情報導。

接到各傳播局、新聞社等打來的激勵電話、傳真，起碼都有千通以上。

躺在病牀上的爸爸，因為這麼大的迴響，而有了很大的激勵。

當苦於檢查時，只要一回想記者會的情形和各地寄來激勵的信件，就自然能克服這痛苦的情況。

對於橫越在海洋那一邊的太郎，就只是擔心而已。

坦白說，對於十六日的手術除打開腹部之外，也不能說些什麼。

現在的生死，大概就是五五波了。

爸爸要勉勵太郎及早立定將來的目標、方向，然後拼命地努力達成。

爸爸有義務看到你的成功。

十二月，當你回來時，爸爸會儘量讓你看到爸爸有元氣、精神飽滿的臉。

偶而，要打電話給媽媽。

爸爸

九月十一日（星期六）

今天我接到以前在富士電視台的上司盛山毅先生誠摯的信函。自從我入院以來，每天還是按時收看他所主持 Wide Show，節目中進行對我的採訪和他個人的解說，這回是第一次看到他所寫的文章，內心非常感動。

從全國各地紛紛飛至的觀衆朋友們令人感動的信函、傳真等，讓我深深覺得自己實在是一個幸運的人。但對我來說，盛山上司其實是令人感到敬畏的存在。因為在過去我主持節目時，他總是透過螢光幕冷靜地審核播報員逸見政孝舉動是否符合專業。

雖有稍嫌過譽，但對於他個人給我的肯定，我認為足堪代表全國觀衆所對我的熱切，所以我把信函介紹如下：

逸見政孝先生

對於正在與病魔對抗的你來說，可能對全國紛至沓來的信件已難以消化；所以或許沒有餘裕的心情來看我的信。而我之所以要寫這封信，其實是想把個人的心情表達給你知道，因此請你在手術成功後，心情穩定了，再看我的信，我就覺得非常榮幸了。

九月三日，透過電視看到訪問你的消息，我實在感到非常驚訝。你不以有名逸見政孝播報員的立場，而以二十五年前偕友剛入公司時的心情來發表你的告白。我勉強壓抑住我的驚訝，詳聽你的談話及記者對你的訪問，說實在的，我非常地感動、敬佩。

就如同一切相關報導所對你的評價一般，你告白的本身，除了實為值得激賞、充滿勇氣的行動外，你其中的說明正確適當，不僅能考慮周圍的因素，而且對記者所詢問的種種問題都能鄭重的回應，實在是我前所未見最完美的記者會了！因此當記者會結束後，所得到的記者們由衷地掌聲，更是證實了此點。

我曾看到過，當數年前令弟生病時，你獨自躲在播音室落淚的情形。而對照到這次你在記者會上堅強毅然的態度，更是讓我忍不住落淚。因為在所有逆境的訪問中，我從沒看過能像你這般冷靜應對的名人，所以我深深以擁有你這樣的朋友為榮。

衷心地希望你在承受比任一太空員更大的祝福之下，能像你在記者會中所說的，勇敢突破這次的難關。而我更引頸期盼著，你成功生還的日子！

我知道你身邊有許多親友在協助著你，但對於身為你播報員時代同事的我來講，如果有任何可以幫上忙的，就算是瑣瑣碎碎的事，……我都非常樂意。

有很多節目都非你不可的，誠心期盼你早日回來。祈禱你早日康復。

九月　十日

盛山毅

另外，還有以附註形態寫下對我妻子的話語，介紹於下：

逸見晴惠女士：

我個人對於你先生所生的病，實在感到痛心。而在你們那麼忙碌當中，我寫這樣一封信，大概會造成很大的困擾吧。請在情況較穩定之後，再看我的信。

在平日，你就是逸見先生身邊最大的幫手，而現在有你的看護，他才能安心去克服難關。

到了他可以看我這封信時，再請你交給他。

希望繼續加油努力！

九月十四日（星期二）

檢查結果出來了，腸內確定有癌細胞。

在連續檢查的這幾天中，我看電視節目裡，有我奮力極呼「加油！努力！」的鬥病宣言。而且聽說，我所屬的事務所收到極多來替我打氣的信件、電話、傳真等，讓我對於記者會所產生如此的大迴響非常吃驚。同時，也更強烈感受到這已不是我逸見政孝一個人的問題了。

切除癌細胞的手術，預定是在後天十六日進行。所以從今天開始，為了準備接受手術，而進行強化肺機能訓練。吃的是些流質食物。身體狀況正常，就是等待術手術成功了。

九月十五日（星期三）

獲到全國多方的激勵祝福下，進入手術室的我，真是一個幸福的人。

入院以來一個星期，為了要確定能承受得住手術，進行了全身檢查，同時也為了決定到底要採取何種手術才最適當，而對患部做了多項檢查，以深入掌握狀況。

當我因呑胃鏡而痛苦不已時，我就自問：

「你在當天的記者中，已誇口說了那些話。」

「現在如果不振奮，如何面對那些從全國各地湧來的關懷之聲呢？！」就藉由這樣的方式，來克服難關。

我，擁有最龐大的支援給予我對抗癌症最不可或缺的精神力量。

戰鬥，現在開始了。接著，就是把身體交給我所信賴的大夫。

我默默祈禱癌細胞千萬不要蔓延。等待著開刀。

在進行生死賭注的手術之前，我要把個人的心情和勇氣，讓所有鼓勵我的觀衆們知道，先向他們說聲謝謝。

另外，我也已把寫好的感謝函交給三木常務董事了。

今年預定要進行的第三次手術。

病況雖然嚴重，但奇妙的是，我卻能很冷靜地等待手術的到來。

我想，這應該是因全國觀衆熱切的激勵，和工作上共同演出的同事們溫暖的慰問所造就的，所以，實在要好好地謝謝你們。

要進入手術室的我，能有那麼多的協助。我真是幸運！

剩下的，就是默默祈禱癌細胞不要蔓延，然後把整個身體完全交給信賴的大夫們。

我已經要求大夫們一定要坦誠告知我開刀的結果，同時我也會向關懷我的各位報告明朗的消息。

等待開刀了。

為了生還的鬥病日記

九月十八日（星期六）〈晴惠　記〉

手術完成第三天。

接手協助丈夫記錄下鬥病日記，丈夫特別交待要以坦白赤裸的手法完成。丈夫雖在加護病房中，仰臥著動彈不得，但仍念念不忘交待我去買筆記本。

我除了買丈夫要用的之外，也買了一本我自己要用的。

丈夫說「你開始替我寫吧！」

但是，我還是先記我自己的這一本。

我丈夫現在看起來像是全身長滿了管子，而表情還是和以往一樣。和手術前沒有兩樣，丈夫交待的話很少，只是冷靜地面對命運，接受挑戰。

可是，我真的能完成鬥病日記嗎？今後，有怎樣的命運在等待著我們，我無從得知，但我確知我先生的意志非常堅定，他只要說出口，就絕不收回……

在正苦於疼痛、嘔吐的丈夫面前，我能平靜地寫出日記嗎？我實在沒有自信。可是，不能讓他察覺到我的不安、動搖，這就是我的任務啊。

所以我下定決心，絕不能辜負丈夫的期待，表情不可以憂鬱，要自自然然地行動。

從入院以來到現在，丈夫沒有正常地進食，只是依賴點滴而已。但日後他必須和癌細胞搏鬥，我很擔心他體力不支。

昨天，他要求打電話，所以我特別交待醫生安排行動電話，他打了好多通給那些關心他的人，因為實在太突然了，對方都感到很驚訝，對於這點，丈夫覺得很有趣。

九月二十日（星期一）〈晴惠　記〉

丈夫還待在加護病房。聽說普通病人只須住兩、三天就出來了，可是，他現在仍未獲得許可。

丈夫交待我：

「只要你想到什麼就寫什麼。」

但是，我和女兒愛一直陪伴著躺臥在病床上，望著天花板的丈夫……這樣的狀態，每天不變。

可能是上個月二十日左右？或晚一點吧。在前田先生的病院，美國來的新谷先生勸丈夫接受美國岡札勒斯醫師的健康食品治療。聽說岡札勒斯先生，是治療癌症的世界權威。

丈夫因為深信前田先生和新谷先生，所以改變計畫，想盡快趕到美國。連飛機票都訂好了，就在要出發的前一天深夜裡，突然接到新谷先生的來電，是從輕井澤的大飯店打來的。

「這次我所提的建議，全部都取消了。」

「為什麼?!」

「因岡札勒斯大夫不方便。」

「怎會這樣？那必須延到什麼時候？」

「不，岡札勒斯大夫說不行，就是不接受了。」

輕井澤、高爾夫……這對愛好高爾夫的丈夫來說，這時從聽筒收聽到的消息，是非高爾夫球棒所發出「鏗」的響聲，使他心裡非常難過。

我所能察覺的，丈夫已失去平日的冷靜。過去有好幾次，我對他提出換醫院的建議，可是他都不接受。俗話說「醫生啊，應該要換七次才行」。但他卻始終保持對前田先生和新谷先生的充分信賴。今天，我站在妻子的立場上，我知道當丈夫接完這通電話後，整個人就像是唯一的希望斷了線。

當丈夫掛掉電話之後，我突然閃入「就是現在！」的想法，現在勸他最適當了。

「我們到東京女子醫大診查，好不？」

我拼命地要求著。

我一直都非常清楚丈夫病情的嚴重性，也都詳細說明給兒子太郎和女兒愛知道。可是，前田先生的處置方法，卻使身為外行的孩子們，都感到不可靠。雖然，現在已不把癌症看成為不治之症了，但對於仍存有「癌＝死」心結的我們來說，看到前田大夫這樣不在乎的態度，實在非常為難。

站在對於我的要求充耳不聞的丈夫面前，我終於跪下。這是從結婚以來，我第一次說出我一生最殷切的願望。

「我這一生的願望，只是要求你去東京女子醫大診查。無論如何，請你務必答應一起看看。」

當時丈夫臉上的表情，到現在仍記憶猶新。

丈夫，現在加護病房裡閉著眼睛，偶而也會張開眼東看西看。在這之前——誇張地說，即使連睡覺時，都能清楚感覺到他堅強的意志。但這一晚就不同了，堅強的意志像是消失得無影無踪，只剩下一片空白。

沈默了好一陣子，丈夫回答說：

「也好。」

這一瞬間，我的心中吶喊著：

（成功了！有救了！）高興的心情好想喊叫出聲。

「是啊，其實癌並不是不治之症，那個醫院可能可以把你治好的!!」

實際上，罹患癌症而生還的人，不勝枚舉，最重要的就是要有旺盛的毅力。

若要說毅力，丈夫是不會輸給人的，可是在對這治療方法有疑問的情況下，是不能夠真正和疾病搏鬥的……

前往東京女子醫大初診的早上，我們夫妻兩人都有些緊張，當然我無法避免。但不論對任何事都能冷靜應對的丈夫，還是一副事不關己的模樣，使站在他身邊的我也感染到他的堅強。

我的兒子太郎從美國帶回來一頂黑色的運動帽，我丈夫非常喜歡，其實本來是太郎自己要用的，丈夫就要了來。後來，太郎到波士頓不在家時，丈夫出門前一定都輕輕拍那頂運動帽才出門。但那一天，卻沒看到他做這一個動作。

他穿戴整齊後，二人一起從家裡出發。

而在乘車的當中，二人卻如同陌生人般的默默無言，這情形仍歷歷在目。

現在，丈夫正躺在我的眼前，積極地接受治療，已把所有不好的東西除去了。接下來，最重要的就是避免癌細胞的再度侵犯，而將所有可能的機率連根拔除。

稱作排除蔓延這樣的手術，是一個相當重大的問題，但也已成功地克服了。

我對於絲毫看不出恐懼，只是淡淡地朝「生還」之路邁進、挑戰的丈夫的無比勇氣，我實在非常敬佩。但這同時，「若是能更早些接受手術的話，該多好……」如此的想法更常常襲擊著我。

可是，一切都是丈夫自己所選擇的道路，而現在，就證明了他的選擇的確是對的。

手術——可以切除的完全除去了

九月二十五（星期六）

昨天，是完成第三次手術後的第九天，終於能從加護病房回到一般病房了。因為自己的身體還不能活動，所以是利用牀來移動的。今天已能逐漸挺起上半身了。雖然只能挺起大概二〇～三〇度左右，但自己已經可以拿筆寫字了。

手術當天（九月十六日），剛完成手術的羽生教授，聽說從手術室走入家族正殷切期待手術結果的候診處時，他的神情像完成一件非常艱鉅的工作一般，盡力地將手臂伸張拉開，兩隻腳也盡可能地打開，然後深深吸了一口氣，發出第一聲：

「喔，終於完成了，可以切除的通通都除去了。」

而持續凝視著教授的一舉一動，想把教授的解說完全聽得一清一楚的家族們，也終於鬆了一口氣。

「你要不要喝點什麼飲料？」

這樣一句話，自然地從我妻子嘴裡流露出來。教授回說「嗯，什麼都可以啦，就想喝冷的。」之後，就津津有味地喝著妻子端給他的葡萄汁。

看大家都把提在半空中的心放下來之後，教授就說：「現在，我要去打麻將了，就在這附近，如果有什麼狀況就叫我好了。」然後，瀟灑地從病房離開了。

當我聽完妻子的報告後，深深地感謝包括羽生教授在內的，全國各地關懷我的觀衆，親朋好友們，對於他們這樣誠摯地付出，我實在承擔不起。而秉持這樣的心情，我覺得我更有義務將我與病魔搏鬥的過程完整記錄下來，以作為全國為癌所侵犯的患者參考之用。

今天實行灌腸。由於灌腸的關係，排便三次。腹部絞痛，傷口也痛。喪失了辨別是否有尿意的知覺，腹部覺得不舒服。

我觀賞黑澤明導演的『活著』是一九六四年，為了達成當播報員的夢想考上早稻田大學，初到東京時的事了。

當時正在放映「黑澤電影專題」，所以朋友邀我到東京國立近代美術之電影中心觀賞。連續看了好幾部黑澤導演的影片，其中讓我印象最深刻的就是這部『活著』。

影片中，已知道自己患了胃癌的主角是名稱作「市役所市民課長，渡邊勘治」的公務員。他在三十年間，從未曾有缺勤的情況，足堪模範。但當某一天，他突然獲知殘餘的生命所剩無多時，曾一度自暴自棄，同時因強烈的孤寂感而深深痛苦。後來他終於覺悟到生命的真義，拚命埋首工作，為市民服務，一心只為把自己最後的願望——公園蓋成。

而在一個飄雪的夜晚，渡邊先生在落成的公園裡緩緩盪著鞦韆，盪著盪著，生命就戛然停止了——。自從看了這部電影之後，我就深深迷戀上黑澤的電影。而就在經過三十年後的現在，我作夢也沒想到，我竟然遭遇到與影片主角相同的境遇，甚至還倍受全國的關注。

我的弟弟憲治因癌症逝世時，我並沒聯想到『活著』這部電影，但現在我切身地感到這電影就像是為我而拍似的。憲治，我們並未告訴他真實的病名，當然也就不知道若是告訴他，他會有什麼樣的心情。然而，也許他沒看過『活著』這部電影吧……。

九月二十五日（星期六）〈晴惠　記〉

「逸見先生，真是堅強啊……」

擔任主治大夫的喜多村先生這麼說著。聽說一般在加護病房只須待上二、三天就可以了，但丈夫在加護病房中卻足足治療了八天。

在陰暗不明的病房裡，被牢牢束綁著，不但連翻個身都不行，也不可有任何的動作。像這樣一個大男人，卻必須這樣的持續三、四天，即使還未獲得允許，也會瘋狂似的拔掉身上的管子，不斷掙扎吵鬧的人，可說是不勝枚舉。

而來探病的富士電視台安藤優子小姐和一同到來的小櫃小姐，她們都異口同聲地表示對丈夫的敬佩。以往他們因工作上的需要而到醫院採訪時，也未遇見像先生這樣堅強的病患。

一直以來，丈夫都主張應冷靜地去克服所有的難關，而這次他也真的做到了，我實在以擁有這樣的先生為榮。

雖還待在加護病房裡，但昨天把他鬆綁了。

那時，他開口的第一句話就是：

「你有沒有在日記本上記錄下來？」

看起來，那麼神清氣爽，從容不迫，令我訝異極了。當我看到尚未恢復力氣的丈夫的手，仍勉力記錄著他的鬥病日記，我也趕快提筆跟著寫。

今天，他拿起前天十九日（星期六）所收到的兒子太郎的信來看，一下子微微地笑著，一下子卻又歎著氣。

他的表情讓我覺得「還是男人和男人間比較投機」。丈夫對女兒愛都只是說：「好可愛，好可愛！」

但對兒子太郎就不同了，丈夫已把他當作大人來看待了。

我因為並不擅長於寫文章，所以當我看到丈夫運筆如飛時，就佩服不已。

九月二十六日（星期日）

早上八點，喜多村先生來替我複診。

「因為我的孩子今天參加運動會，所以我要到四谷去。如果有什麼就叫我，不要擔心。」然後就走出病院了。

今天比昨天的情況好，原本拿不住報紙、雜誌，而現在已經可以用自己的手了。過去都須護士幫忙拿著，現在一切都自己來了。也能和住院前一樣，自己拿著電話筒打電話。

看兒子太郎所寄來的航空信：

給我尊敬的爸爸：

九三、九、十五

九月十二日（星期日）已收到爸爸所寄的信和報紙、雜誌相關報導的影印。我想當爸爸看到我這封信時，應該是在手術後了。我確信手術一定相當成功，所以在這裡我就可以率直說出我的感覺。

坦白說，我也不知道怎麼說起。我一直都無法相信，爸爸正在生死邊緣與疾病搏鬥著。

在八月三十日離開日本前，約有一個半月的時間天天都和爸爸生活在一起。那天爸爸突然說肚子痛，但那時感覺上爸爸還是食慾很好，氣色健康……但是卻已不能和你一起打你所喜愛的高爾夫，這是很大的遺憾。

事實上，好幾次當我和朋友一同去打高爾夫，而得到好成績回來向爸爸報告時，爸爸看起來卻好像有些落寞的樣子。若是平常，爸爸一定跟著我一起高興極了。當時您卻因身體的關係，不能和我一起去打，所以有所遺憾吧。但是，我相信在這次手術後，最早今年的新年，就算最慢到明年夏天，我們就又可以一起享受高爾夫之樂了。

聽說這次的記者會，是繼星期五 Takesi Beat 以來最轟動的事件。這也深深激勵著我——爸爸的確是了不起的人。

媽媽寫來的信，口氣盡是讚美別人，敍說當天記者會的盛況。

身為您的兒子，實在感到非常幸福、幸運。今年的十二月，我就要屆滿二十一歲了，所以我想應該可以和爸爸談談我的將來了。

這次暑假回國時，爸爸能以男人對男人的立場來對待我，說實在的，我很高興。而且，過去爸爸也從沒對我說這麼多話。

往後，我將要邁向我自己的人生，和我自己的命運挑戰。而在我的面前，有一位偉大的人物正引導著我，讓我的心裡旺盛燃燒著鬥志。今後，我將發現更多爸爸的優點（更向爸爸看齊），努力學習爸爸所有的長處。

我確信爸爸絕對能戰勝，不是為了自己，而是為了我們全家的人……。

我認為不管傳播媒體要如何報導，或是爸爸有沒有電視節目可主持，只有爸爸能健康活著，才是我的幸福。因此，我希望今後的三個月～半年間，爸爸要確實忘掉工作上所有的事情，好好照顧自己的身體，相信這一點爸爸也應該體認得到。這雖然會很痛苦，除了爸爸自身以外的人，大概都無法真切體會，但請您務必專心一致努力與病魔搏鬥……。

在這裡，我看不到爸爸，每天都覺得非常不安。但是就如爸爸說的，我既在美國，所應做的、所能做的，只是向在遙遠日本的爸爸，大喊努力加油！

除了爸爸，我對媽媽也深深覺得抱歉。現在這樣的情況，身為長男的我卻不能陪伴在爸爸的身邊……。

現在（雖只有爸爸本人才最痛苦）我們全家人都應一起奮鬥加油才行。

只在看不到爸爸的地方支援著您，實在深感愧疚。

從遙遠一萬公里外的這一方，由衷地相信爸爸絕對會戰勝的！我在這裡由星期三晚上八時起以後十個小時，我都不睡，誠心祈禱著。

一定沒問題的，您是我所尊敬的爸爸……。

祈願必勝

美國麻州

兒子　太郎

我感覺太郎已逐漸成熟為男人了。我非常感動他不眠不休地為我祈禱。希望能順利出院，而這次的經驗只作為日後相互談話間「曾有那麼一回事……」的回憶就好了。

晚上七時，喜多村先生再次複診。過去我一直覺得我的生活太過緊張忙碌了。但當醫生的，只要一有嚴重的病患，卻連星期假日及家庭生活都要完全犧牲呢！

九月二十六日（星期日）〈晴惠　記〉

手術完第十天。

六樓的某一間個人病房掛著「小林一」的名牌，這就是我的丈夫逸見政孝，在醫院為避人耳目所使用的假名。

現在，所謂的小林先生仍掛著點滴，但看起來情況不錯的樣子。

野崎大夫，昨天剛從美國返國。為丈夫診查後，覺得患部的恢復情況良好。同時交待說：

「為了準備站立，要開始訓練起身了。」

進行那麼大的手術，現在要開始準備站立了……。丈夫確實走上了「生還」的道路了。所以今天可以安心好好休息一下了。

到了夜晚，喜多村大夫來病房查看，他穿著夾克、便服。原來脫掉白衣後的他，看起來也只是平凡的爸爸罷了。

「今天是我孩子的運動會。」

可以由大夫臉上的笑容，看出丈夫的狀況良好。送走大夫後，我才回家。

成功克服癌症的腳步聲響起

九月二十七日（星期一）

當初，原本預定四～五個小時的手術卻耗費了十三個小時才完成，現在我好好的在這裡，實在要深深地感謝大夫們的辛勞。

他們為了幫我除去癌細胞，盡全力協助。

手術後，有很多人告訴我。

「你很勇敢哦！」

其實，我覺得真正有耐力的是醫生和護士們，我只不過是麻醉睡著了而已。

專門性的內容我也不懂，所以只能將新聞報導的內容轉述於下：

●東京女子醫大・羽生富士教授的談話

三日診察病患時，發現除了在腹壁和腹膜有癌細胞復發的跡象外，還有小腸性狹窄

（中間變窄）。在入院進行精確檢查後，在胃的後側、胰臟的末端發現腫瘤，以及確認沒有橫行結腸硬化狹窄的狀況，但沒有腹部積水的情形。同時併有腸閉塞的症狀，所以判斷有開刀的必要。

昨天，在麻醉科主任教授鈴木英弘先生的麻醉控制之下，從上午十一時開始進行手術，檢查發現在腹壁有一長十二公分、寬五公分的癌性硬結形成。

另外大腸的一部分、迴腸的一部分黏著及上腸部的橫行結腸左側部分狹窄、形成腫瘤和胰臟的末端連在一起。

同時，胃、十二指腸吻合附近的腹膜，大網有腫瘤黏合在右肝臟下面。

因為病患曾接受過膽結石的手術，所以膽管並沒有狹窄的現象。最後決定進行的手術，包括切除剩餘留下的胃（二月份手術時所剩下胃的部分）、胰臟末端的一半和脾臟、迴腸的一部分及上行結腸、橫行結腸、下行結腸、空腸和腹壁黏著部分和腹壁其他部位，全部切除。

其後，食道和空腸、空腸和空腸和迴腸和下行結腸三處分別縫合。另外，還有二個腸和腸的地方縫合。

在腹壁癌細胞轉移的地方，肉眼可看到有二十幾個，都逐一切除。

進行手術中，全身的狀態都很安定，耗時五個小時。之後，因為腹壁受損範圍大，所以由野崎大夫依整形外科的方法，進行腹膜、腹壁的修復，最後在十七日上午零時完成。

以上，將肉眼可看到腹腔內的癌腫瘤一切切除。但因為經過長時間的大手術，所以有關今後的過程，應慎重加以觀察。

至於，為我進行手術的，是被稱為名醫中的名醫三人醫師小組。負責執刀的，就是發表以上談話的消化器病中心所長兼主任教授羽生富士大夫；其他就是整形外科野崎幹弘先生、麻醉師鈴木英弘先生。

羽生教授又被稱為「胰臟癌手術權威」，所進行的手術超過五千次。同時是有關胃癌、食道癌切除後修復術的第一權威。

野崎教授，除了在癌切除、瘢痕瘤的治療外，處理顏面、手足的畸形範疇中也有卓著的成績，不愧為外科的權威。

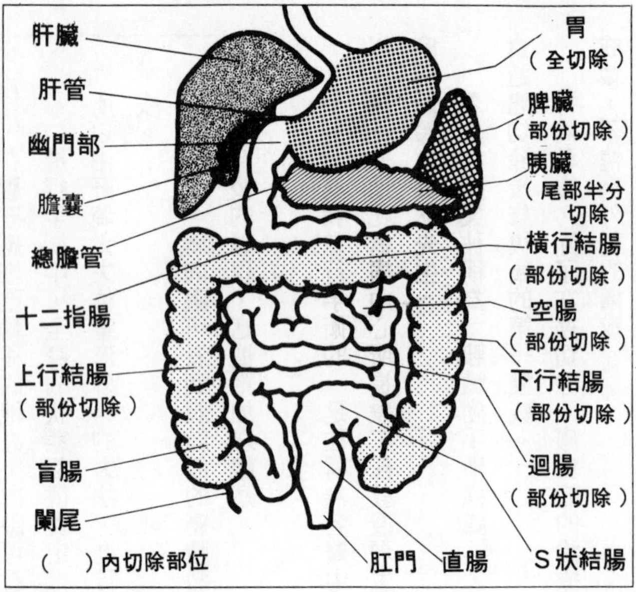

麻醉科的鈴木教授，在他的領域中獲得極高的評價，為世界級的專家。

像這樣，在那麼著名的權威手下進行手術，又受到全國各地湧來的激勵，我確實是非常的幸福。我想等我將來將這本日記出版後，也可作為我感激之意。

九月二十八日（星期二）

進行超音波檢查，沒有異常。昨天喝妻子親手做的蘋果汁。今天則喝蔬菜粥和菜湯。

女兒愛，為了讓我排解心情，帶來隨身聽和懷念歌曲的錄音帶。聽著聽著，竟不知不覺淚流不止。

由於聽著 Beach Boys 的音樂，感懷到人生的奧妙，同時也使我懷慕那段與死毫無關聯的青春時代，天真的自己。

那樣天真無憂的日子能否回頭呢？我還沒有輸，不應該有這樣喪氣的心情啊！

喜多村先生來說明抗癌劑的作用。

「逸見先生，如現在將可使用在你身上的抗癌劑量，假定為一桶水。

現在，你的體內正有一場稱為癌的火災，雖然已可確知有火災的發生，但卻不知道火的大小。

而在切開腹部後，發現已經轉移了一〇〇個部位，才知道是相當於大厦程度的火災。當對於大厦程度的火災，只備有一桶水的話，就只是杯水車薪而已。可是，若轉移的部位只有二〇～三〇個部位，然可切除的都加以除去的話，讓火災的程度熄滅變小為營火狀態。如此一來，就有可能以一杯水來將火熄滅。

逸見先生的情形是屬於後者。可以切除的已全都除去，現在只剩營火狀態了，所以只要使用一杯水就可讓火災熄滅了。」

先生的話，口氣雖然非常溫和，但反而讓我覺悟到這個試煉非常酷烈。

到了下午，尾崎先生送來一面獎牌。是今年五月十六日，尾崎先生獲「日本高爾夫權賽」冠軍，達成八〇勝的紀念牌。

獎牌的左邊鑲著浮雕為「達成八〇勝」「一九九三・五・十六」的字體的金屬片；右邊就是尾崎先生的照片及簽署「送逸見」的文字。

我知道尾崎先生這面獎牌，只有極少數的行家才能被頒授的，所以我對於他送我這麼貴重的禮品，實在非常感激。從數年前和尾崎認識開始，我的高爾夫成績就被他謔稱為「邪魔逸見」，可想見是多麼差勁，所以他肯送我這面獎牌更是出於意料之外，我由衷地感謝他。

今天的另一個好消息就是太郎就要從美國回來了，預定下個月，就快到了。太郎對他父親與疾病搏鬥的情形，不知有什麼感想。

九月二十八日（星期二）〈晴惠　記〉

已經有食慾了。超音波檢查後，就喝了病房所提供的蔬菜粥和菜湯。所以，在我的心中燃起了小小的火苗。

目前電視報導上有關丈夫癌症的特別專輯很多，而原本一直表現很熱心的丈夫，反變得有些低落。所以當我提出明朗的話題時，他也是靜靜地微笑而已。

女兒愛帶來的懷念歌曲刺激了丈夫的淚腺。他偷偷地拭著淚。

從喜多村先生那邊聽了有關抗癌劑的說明，他將癌症依程度比作大廈的火災和營火，讓人容易了解。而也就是為了使抗癌劑生效，便能控制在小火的狀態，才進行切除腫瘤的手術。

安藤優子小姐，帶了Super-Time節目所收到各地觀衆寄來的信函，以及一件可愛的綠色睡衣來探病。和丈夫說了許多話。而有幾次我有聽到她說：

「逸見先生，你真了不起。」

「你實在太堅強了。」

「請多振作加油！」

當聽到這些話時丈夫的樣子，讓我覺得他已恢復正常，而安心不少。

可是，一沒有人來探病時，今天丈夫的樣子就顯得沈悶不少。一邊聽著音樂，一邊喃喃自語：

「年輕時期，無憂無慮啊。」

後來，尾崎先生送來了貴重的獎牌。

「尾崎先生，他……」

丈夫這樣地說著，我知道他雖然非常高興，但另一方面卻又感慨萬千。

於是我和愛二人就上到頂樓，一邊吃著三明治，一邊商量如何使爸爸高興起來，可是想了又想，還是沒什麼好法子。

而就在這當中，太郎打了國際電話回來。他擔心父親的程度遠超過對自己的關心。他說學校已放假了，四日就可以回國了。

太郎還沒看過丈夫手術後的樣子。從他電話裡可以感受到他著急擔心的心情。不管如何，應盡早讓他看到他爸爸才是。

「你盡快回來吧。」

當我把這消息告訴丈夫時，現實的他馬上說「太好了」而顯露出很滿足期待的樣子。我終於也鬆了一口氣。

「愛，妳明日帶Beatles的錄音帶來，好嗎？」

這個時候，愛也才放下了心。

在我的耳邊聽到了「可能有救了！」的歡聲

九月二十九日（星期三）

為了作CT（斷層掃描）檢查，所有像食物樣子的食物都被禁止食用。CT要到傍晚才進行。女兒愛昨天持續聽了一天的Beatles錄音帶及CD唱片。現在我才知道Beatles的歌曲為何令人感泣的原因了。我也流下了眼淚。

為了改變一下氣氛，悄悄打開了電視。下午正在播著Wide Show，報導了很多有關我個人的病況和其他相關消息。意想不到的是，今天的畫面上竟出現出弟弟憲治的照片。出乎意料之外的，我們兩兄弟竟不約而同地踏上同樣的命運，真令我感慨萬千啊！

（哥哥，我已去世了，那你會如何呢？）

看著看著，覺得憲治的照片就像是這樣在跟我說，所以不禁又流下了淚。

（我正努力與病搏鬥中，我一定要克服它！）

我下定決心，但卻因流淚而發不出聲音。

九月三十日（星期四）〈晴惠　記〉

連續這幾天下來，丈夫都顯得鬱悶憂心的樣子。無意中，也發現過好多次，他臉朝窗外，用手拭著臉頰，好像忍不住落淚了，但卻又想拼命把情緒控制住。

下午，進行排除腹膜下血塊的小手術。

十三時三〇分，進入手術室。

十八時就能看他了。這次和前一次不同，他醒過來較慢；而且聽到我說話時，也只是「嗯、嗯」回答而已。可能很痛的樣子。

我向他報告司葉子及其他很多關心他的人，都寄來了信函。

九月三十日（星期四）

CT（斷層掃描）檢查並沒有異常。為了除去腹膜下的血塊，進行了一項小手術。沒有食慾，所以一直未進食；也因此產生了飲食方面不知會不會有任何問題？這樣單純又稍嫌幼稚的想法。

大學時代加入相撲社團，而被譽為「關西學生相撲中流砥柱」的弟弟，身高一八五公分，體重曾達到一〇〇公斤，是那麼魁梧的體魄。踏入社會後，因忙碌而消瘦，到最後因癌症去世時，只剩六〇公斤了。

體質應是遺傳的，但是我的雙親都還健在，祖母也長壽到九十二歲，而我和憲治兩兄弟卻都罹患癌病。從生病以來，我的體重一直減輕，對於這一點我非常敏感，因為這也就意味著是癌症所造成的。

可是，羽生教授和喜多村大夫都說：

「逸見，只要你有意願全力以赴和疾病搏鬥，我們也會相同盡我們所能來幫你的。」

連世界級的名醫也這麼說，又是在有世界最新設備的醫院；想到這，就覺得剛剛為了補給食物的問題而煩惱，實在是太無聊了。

手術從下午一點半開始，而等我再清醒過來時已經是傍晚六點左右了。覺得很疲憊，不想活動身體。

司葉子小姐送來探病的禮物和信函等。司小姐大概是在二十年前的那一年間，與我一齊主持「三點鐘的你」節目。聽說不只是我，連我女兒愛也得到她誠懇的禮物。

下面就介紹她信函內容：

逸見先生由於你實在太受歡迎了，

所以神體恤你想讓你稍微休息一陣子。

但是，已經休息夠久了，

衷心期盼你，早日恢復以往的鬥志。

若是你感到無聊時，請回想看看我們一同主持的「三點鐘的你」這個節目，相信康復後就不可能像現在有那麼空閒的時間了。而我個人實在非常期待能與你再度合作主持電視節目。

我挑選的領帶不知你喜不喜歡？如果你戴上出現在電視螢光幕前，不曉得有多瀟灑呢！

同時，也帶給太太和女兒一點小禮物，如果這些禮物能多少發揮慰問的作用的話，我就感到很高興了。

期待能早日與你見面

九月二十八日

逸見先生

司　葉子

十月一日（星期五）

可能是情緒有些低落吧！一直流著淚，流到耳邊時，卻相當清楚聽到「可能獲救了」這樣的聲音。實在是一個值得紀念的日子。想想幸好我坐上了這條船——心裡暗暗慶幸著。

有關可能獲救的證據就是：

○腹部沒有積水。

○身體的前半部、肝臟、內臟、後背部都沒有癌細胞轉移的症狀。

○肛門內部沒有硬結的狀態或異常情形。

醫師就告訴我說，一切的危險都已在克服中了。

中午，傷口痛得很激烈，就接受止痛劑的注射，然後安穩下來睡了好一陣子，大概有三個小時左右才又醒過來。

替我開刀的羽生教授說：

「儘量早些讓你吃流質食物。」

另外，又附加一句：

「已經可以準備將導尿管拔除了。」

只要拔掉導尿管就意味著我自己已經可自己走去廁所排尿了。

且如果順利的話，下個星期就可以準備開始吃流質食物了。

憲治，你看到了嗎？我確實振作起來了！

同時今天也是從我第一次擔任「Super-Time」節目以來十周年的紀念。我向三木常務董事傳達說：

「現在，我正在病床上和癌病進行生死癌病進行生死攸關的搏鬥，我一直都非常努力拼命著，所以等我恢復健康後，想繼續在報導中心擔任工作。」

早一日進食，早一點可以走動，邁向生還之路！

十月一日（星期五）〈晴惠　記〉

丈夫終於恢復明朗的表情了。根據喜多村大夫的話，一切經過的情況都非常良好。

丈夫笑著走入病房說：

「逸見，你已成為全國國民的偶像了，要讓你盡早出院才行啊。我絕對會盡全力協助的，也要好好努力，朝出院之路前進才好，否則，我們就無法獲得大家的諒解喔。」

下周就可以改為流質食物了。丈夫流露出「一切都只不過是杞人憂天罷了」由衷地放下心來了的表情。

腹部沒有積水，身體各部位也沒有癌的發現，肛門內部也沒有任何異常，這一切都是生還的證據。

按照一醫學書上所說的，這樣的狀況就是階段式的痊癒了，所以我感到非常高興。

十月二日（星期六）

和昨天病房內的氣氛完全判若兩樣了。時序雖已進入了十月份，但街上仍殘留著暑氣，象徵青春氣息的暑氣呢！我心裡很高興。

聽說太郎八日要回來了。在他回來之前，不知道我可恢復到什麼程度？當然是還不可吃普通的食物，但是應該可以自己走路去廁所排尿吧。不論如何，一切都逐漸轉好，對於這樣的狀況，我已很滿足。

「雖然還未進步到可感覺食物美味的程度」，但今天已可感受妻子親手調製的可口果汁了。晚上熟睡了。其他就只是按醫師的交待配合，才能早一天出院。

看任何一個電視節目，發現替我主持的人都比我更盡力。希望這樣的狀況能一直維持到我出院。

好想趕快回去工作。

十月二日（星期六）〈晴惠　記〉

要判斷丈夫的身體狀況，可依讀書、聽CD、隨身聽、看電視、看報紙雜誌等作為標準。今天的情形看起來很不錯，不像病人的樣子。

腹部導管內吸引浸潤液量的聲音，好幾次都傳入我的耳內：

「咕嚕、咕嚕……」

這樣的聲音真使我一生難忘。

十月三日（星期日）

實在難以料想人體竟是這麼脆弱，只是稍稍消毒傷口，剛剛三六・六度的體溫馬上升到三七・二度；拜託拜託，體溫千萬不要再上升了。

從三木常務董事處聽到了有關電視台的情形。都說大家殷切期盼我回去，但到底什麼時候才能回去呢？大概還須一段時間吧。如果回去工作後，是否能有入院前一樣的水準，十分擔心。

不，一定能做到的，否則我和癌症搏鬥就前功盡棄了。

今日所供應的飲食已全部吃完了。而所謂的飲食，就是果汁、菜湯、粥而已。真希望早一天，能和家裡的人坐在餐桌前團圓。

三天沒有來的愛今天來了。聽說她感冒了，但現在看起來精神還不錯。她正在駕駛訓練班學習開車，不知她學得情形如何？

早上，把導尿囊拔掉了，之後，排出了一五〇㎖的尿。確實是我自己排的尿。和喜多村先生感動地握手，真實感到自己已順利地恢復了。大夫也興高采烈地說：

「我以往接觸的病患年齡多半是六、七十歲的人，也有五十多歲的人，從這情形來看，你較年輕，所以，恢復也比較早。」

聽了這些話，才又清楚自覺到自己正與癌病搏鬥的事實。當然，我是為了與癌搏鬥才暫停工作而入院動手術的，同時也向社會大衆公布我得到癌病的事實。但是，當擔任醫職的大夫口氣淡淡地說出這句話說，切身地感到自身其實是毫無防備的，須借助多人的幫忙才能戰勝。藉著這個機會請教大夫說：

「聽說癌細胞這種東西，年紀愈輕增加的速度愈快，年紀愈大繁衍的速度愈慢，這是真的嗎？」

大夫回答我說，這觀念是錯誤的，老人如被癌侵犯的話，會出其不意地轉移到淋巴腺。

這時，我突然想起逝世的弟弟憲治，僅半年之間就結束如地獄般痛苦了，正和憲治年輕的年齡並無關聯啊……。

不管如何，我現在是順利地恢復了。今天的生日（二月十六日）是在醫院裡渡過的，明年的生日要在與醫院無關聯的地方慶祝才好。到那時，工作方面要恢復正常才行啊……。

十月四日（星期一）

大概是懷念憲治的關係吧，昨晚夢見了他。並不是特殊景況的夢，兩人坐在酒吧的吧台邊，不知道說些什麼話。我是不會喝的人，所以酒杯只是裝著啤酒或其他什麼的擺在我眼前，但憲治並未像以前，將威士忌當水喝一樣的豪飲。

今天，中餐開始吃些流質食物。早餐是喝粥、味噌湯、牛奶等，全部都用完。但是，到中餐時，稀飯、馬鈴薯、豆腐渣我卻吃不下。

下午，就拔掉導尿管了，只剩右邊鎖骨的點滴。喜多村大夫說：

「別害怕，放心挑戰看看！」

但我是沒有自信走到廁所排尿。

大夫複診之後，爸媽來探病。父親已八十二歲了，看到身為他兒子的我，這樣的狀況，難過極了。與我的對談內容也只是「哦、哦」而已。

母親雖因最近感冒，而沒有食慾，但看起來還是非常康健。今日話也很少，可能是她察覺到我情緒不好的關係。真不愧是我的母親。

我絕不可以比雙親更早逝世。我回憶到當憲治去世時，我暗自發誓說「今後爸媽就全由我來照料就是了」的情形。

十月四日(星期一)〈晴惠 記〉

迫不及待的流質食物終於開始了。中午的稀飯，不合他的胃口，所以就要求大夫，是否可以利用醫院的廚房來烹飪食物。

喜多村大夫高興地說：

「很順利啊。昨天已經拔除導尿囊了，今日再拔掉導尿管。眼見他愈來愈康復了。以後只要培養出抵抗抗癌劑的體力就好了。」

丈夫的氣色很好。再下來的目標就是自己走去廁所了。

手術之前，大夫曾說過丈夫是處於極度危險的狀況，隨時都有死去的可能。

「如果你先生的癌已經是無可挽回的狀態時，打開腹部後，就馬上把它縫合。」當時就曾如此坦白說過這些話。但最後手術卻進行了十三個小時，把全部不好的部份都完全切除，既排除掉會阻礙丈夫身體的東西，他就能逐漸地恢復健康了。

愛就說：

「爸爸是絕對沒問題的。不管大夫怎麼說，他並不了解爸爸是多麼與衆不同的，雖然恢復後的可能性很低，可是爸爸就一定會是屬於那麼低可能性中的人。爸爸是了不起的人啊！」

我其實也是這樣的想法。我相信我丈夫的選擇是不會錯的。

這一個月就是要盡量培養體力，來抵抗下個月的抗癌劑。聽說抗癌劑的副作用很強，可是大夫向我們保證「逸見，你沒問題的」。到十二月，順利的話就可以出院了。可能只須再靜養一段時間，然後就可以一面回院檢查，一面恢復原來的生活了。

寒假太郎回國後，又可以一家團圓過除夕圍爐和迎接新年了。然後在他最喜歡的書房裡，盡情地看長片或電視節目。

傍晚，逸見的爸媽來醫院探病。他們之間對話還是有限。公公只是一直看著兒子的臉，沒有什麼共同的話題。

站起來，走路囉！

十月五日（星期二）

今天的課題就是「必須要站起來走路！」

上午，測量完體溫，護士出去了。一番確認後，就試著挑戰看看。勉強挺起上半身，相當耗費體力的。再接著下來，就要開始走路了。在病房的左側有一個圓桌，對面有沙發，而其間距離大概有一公尺左右。我打算先走到沙發的地方，稍微休息一下，然後再走回來。

左腳僵硬無法動彈。只好利用兩手來慢慢移動，左腳踏著床邊。

「我左腳的皮膚移植到腹部去了，所以傷口很大。」

我心裡這樣揣想著，兩手扶起用繃帶紮起的大腿，苦笑著。

把左腳和右腳擺齊後，坐在床的一邊。只是維持這個姿勢，就相當耗費我的體力、時間，也才第一次發覺，身體若無法聽從自己的意志是多麼的痛苦啊！

我從兩腳各拿一條血管，移植埋在腹部。同時左大腿前面的皮膚，大部分都移植到我的腹部。這就是所謂的貼貼補補的狀態，所以我的兩腳可說遭遇到很大的災害啊。

在這一個月之前，只要大腿稍微跨大點，一～二步的距離我是否能走到呢？我突然明瞭間寬平先生把生命賭注在馬拉松的理由，其實就是為了和體能極限挑戰。而我在我出院回到工作崗位前，像這種眼睛可看到的挑戰一定還很多。

因為沒辦法用兩腳來站立，所以就把點滴用的支架拉近，扶著前進。這就像利用步行器來進行復健運動一樣。

在負荷著體重之下，右腳踏出去了，可是左腳卻不聽使喚。而由於兩手正抓著支架，所以沒辦法像在床上一樣扶起左腳前進，左思右想，想盡了辦法，就是不行。

（大概一開始都難免這樣吧！）

我將推到前方的點滴架拉回來，然後右腳縮回來，坐上床邊，也就是剛進行作業的相反順序。起先將右腿收回床邊，接下來再用兩手捧著左腳。就只是這樣，我就滿身大汗，倒在床上了。

可能是做運動的緣故吧（？）迫不及待地想吃中餐，我以為可以將妻子親手作的稀飯一口氣吃光，但還是剩下一半以上的量。我想以後，只要每增加一步，就增加食量。

下午，從胸部的左側插入導管，將積存在肺部八〇〇ml的液體排除掉。聽大夫說這叫做胸水滲出液，又說在這要沒發現異常的細胞，才最理想。

十月五日（星期三）〈晴惠　記〉

和以往一樣，和愛二人在中午的時候進入病房。「小林一郎」這間病房，從入院以來一直掛著「謝絕會面」的牌子。

「喂，我走路了。」

丈夫高興得不得了，一開口就說這句話。

「真的嗎？爸爸。」

「我確實用我的兩隻腳站起來了。」

愛感到很興奮，我也高興得心臟怦怦跳。

「這麼一來，就會愈來愈好了。」

這樣的感覺由心底湧起。前些日子，還插滿管子的人……，就如喜多村大夫所說的

：

「逸見先生還很年輕，恢復一定很快。」

這話浮現在我腦際。而今天一整天不用使用止痛劑的消息，也令人高興。

當然，我丈夫自己比任何人都高興，但再三天後太郎就要回國了，所以我和女兒更感高興。因為當太郎看到患重病的父親，氣色竟這麼好，還能自己行走，一定會非常安心的。

今天，按照丈夫的要求用行平鍋來煮粥。配合醫院中餐的時間，從十一點開始烹飪。心裡盼望他能多吃一點，沒想到食量竟比想像中的還多呢！

十月六日（星期三）

昨天胸水滲出液的檢查結果出來了，並未發現癌細胞的存在。一直暗暗擔心「說不定有……」，等到聽到消息後，鬆了一口氣。我體內的火災好像平熄不少了？

雖同樣是營火，但「只是一些火焰」和「熾熱燃燒的火焰」熄滅的處置方法是截然不同的，所以不知到底是如何？

第一次看到了自己腹部的縫合部分。發現竟沒有了肚臍眼。一直跟著我四十八年的肚臍，沒說一聲再見，就消失不見了。

我想起開電視記者會，正是一個月前的九月六日。這期間，發生了許多事。而現在能平穩地踏在恢復的路上，都是依靠著大家的全力協助啊。

開記者會的前三天，第一次偕同妻子到東京女子醫大認識羽生教授。而在經過羽生教授的診查後，首先浮現我腦海中的問題，就是如何去還房屋的分期付款？同時我又想到，我播報員的生命可能要結束了。自己和被癌侵犯去世的弟弟步入同樣的命運了。這時，就下定決心，因為受我困擾的人實在太多了，所以還是公開才好。

如果這是最初的告知，我可能會癱在沙發爬不起來。因為當一個月前在前田外科醫院被告知時，自己發覺全身氣力全消軟趴趴的。

在小孩的時候，常看到好幾個學生因陽光熾熱而中暑被抬到保健室的情形。但實際上「癌症」這二個字並不如陽光般熾熱會使人中署，但卻也具備使人昏厥的威力啊。

醫生也同樣是人，所以也無法預知自己本身會罹患何病，也有得癌症的情況。若把這職業當作自己一生的事業，以治療病患就應抱持愈減輕病患痛苦為主要工作的態度。可是，事實上病還是患者所有的，因此身為醫生的，更有讓病人從疾病中解放出來的義務。

可是，他卻遭遇了放棄他醫師任務的醫生。

醫師如要向病患告知罹患癌症的事實，應先有覺悟才行。不管是早期、進行中或末期的症狀。

他們都應有陪伴患者到最後的義務，有時也要勸告患者，應以安樂的心情走向墓園。我認為，羽生教授和喜多村大夫就是有負起這樣的任務，所以才能有今天的我。

可是，那位醫生對於我這幾乎一〇〇％可確定為癌細胞的腹瘤摘出手術時：

「是不是你替我開刀？」

他卻回覆我說：

「剛好在那時，我要暑休喔。」

聽到前田院長的回答，不知各位讀者有什麼感想？

我大概終身難以忘記。男人面對工作時，應把一日份或一件份的工作，都應做到最理想的狀態才對。可能是他和我的價值觀不同吧！特別是處於劣勢立場的我，就連要生氣的力氣都沒有了。

還好，我現在已逐漸復甦康復了。以後，就是要慢慢培養出能耐得住抗癌劑的體力。同時也要配合著復健來治療。

現在感覺到我所選擇對抗癌症的道路的確是對的。妻子向羽生教授拜託說：

「我丈夫能自己決定他以後的人生，希望大夫真實對他說明。」

真不愧是我的妻子！她的選擇是正確的。

雖是如此，當考慮到最不好的狀況時，眼前實在是一片黑暗。近年來，對於是否告知病患本人罹患癌病的事實，爭議不休。可是我在這一年中，親身體驗到，如果沒有相當堅強的意志力，是無法和癌病搏鬥的，同時也不可能有勇氣去面對這樣的情況。

今天，為拿撒在早餐蛋上的鹽，採取和昨天一樣的順序來嘗試步行，雖然耗費時間，但意想不到的是，竟能用自己的手拿到放在比沙發更遠的廚房裡的鹽，再回到原來的地方。所以覺得自己有很長足的進步。太郎於後天八日回國。雖還不能與他一齊散步，但相信可以讓他看到很有活力的狀態。

一　十月六日（星期三）〈晴惠　記〉

「為什麼父母二人都沒患癌症，但我們兄弟卻都罹患癌症呢？」這個月以來，常可以聽到他重複這個疑問。可能是因為他自己已知道漸漸恢復了，所以後悔沒讓他弟弟早些發現，才死於癌病吧！

喜多村大夫聽到我丈夫自己走路的消息，非常滿足的樣子。

「繼續走路吧！因為我必須讓逸見先生早日走路出院喔。但在這之前，先問你有沒有解便呢？」

他笑笑地這麼說著。

聽丈夫說，他今天早上走了好幾步路去拿鹽來撒在蛋上。可能是因太郎快回國而興奮的關係吧！我希望著，能儘量讓孩子看到健康正常的爸爸。

十月七日（星期日）

喜多村先生說，「無論從那一部份都看不到癌細胞了。」十月份進行體力的恢復，從下個月開始給予追加治療用的抗癌劑了。他又說：

「積極吃，積極動吧！」

從前天五日開始，已經不會痛了，但飲食方面還有些不順。明天就是太郎要回國的日子了。心裡正在想著那些事，聽到三木常務董事說：

「明天，（太郎）就回來囉。」

說這話就好像我臉上有寫著這件事一樣。

「避免相見的瞬間，哭出來啊。」我這樣回答著，清楚知道我自己的興奮。

今天很有食慾，每種都有吃，中午烤鯛魚給我吃，因我雖不能像正常人一樣走路，但已能走好幾步了，所以作為慶祝之用。

希望能早些進行普通的飲食。對於妻子所詢問「你有沒有想吃些什麼呢？」我腦中所浮現的都是大鍋菜。到底何時才能和家人團圓圍爐吃火鍋呢？

下午二點左右，醫院提供了果醬三明治放在圓桌上，我打算在沙發椅上吃。今天比昨天順利，左腳也比較不痛了。而且因為點滴的台座裝有輪子，所以可替代作為步行器之用，很方便。預定明天晚上，要和太郎一齊把我最好的姿態呈現。

「在電視畫面上，絕對要站著呈現。」

不喜歡以躺在牀上的姿態出現，雖很難，但又非常快樂，覺得全身充滿了活力啊！

家族團圓

十月八日（星期五）

昨天妻子像接到交待般，今天就準備了大鍋菜的材料來。現在妻子可以在病房備有的廚房煮稀飯。今天就能吃到雞肉汆鍋菜了。太郎預定在傍晚到達成田機場。

中午做完CT（斷層掃描）後，就試著走看看。「切身感到太郎回國時，可以站著和他握手」。有這樣的感覺。

醫院的晚餐是三點開始，全部吃光，實踐「積極吃，積極動」。

吃完飯後很久了。聽說我內弟開車到成田機場迎接，迫不及待著太郎快到。

「飛機預定是五點到達，最晚應八點就會到達才對啊。」

但一直到八點，都還沒任何消息。交待妻子打二、三次內弟車上的電話，都說是路上塞車。

結果，二人過了九點後才到。雖已等待好長一段時間，但還覺得他們很快就到了。當聽到走廊上有很活潑的腳步聲時，門突然打了，太郎進來了，開口第一句話就是：

「我太慢回來了。」

我想我必須馬上站起來，但太郎卻迫不及待的伸手想要扶持。「可惡，我確實能自己站立了。」但沒有開口說出來。

看到太郎的手，使我聯想到弟弟憲治的手。憲治的手就像他這般，使我錯覺他只要用一隻手就可以把我抬起來了。

約一個月來的第一次父子對話後，流下了眼淚。即使不特別去感受，也可知道太郎對我恢復的情況，就如發生在他身上般的高興。

太郎說，將來要繼承我的職業。為了如此，就必須多方面學習。我自從十九歲單身到東京，當時東京和大阪語言的習慣比現在差距更大。這和太郎離開東京單身到美國的情形相仿。

我到東京學標準話時，把「標準語辭典」翻爛了，就是為了學好東京腔（標準語）。想成為東京人，就先學習東京的風俗習慣。現在太郎就和以前的我一樣，只是舞台由東京轉移到世界上了。

由於他是我的孩子，多少會有些擔心。我的父親對我所做的事，一直懷抱著希望和決心⋯⋯

「想怎麼做就去做吧！」

「既然你這麼說，一定是考慮很久了。好，就這樣去做。」

答允我的意志決定，我實在以有這樣的父親為榮，非常感謝他。

我所能盡的人子責任，可說就是如此而已。乍見之下，我們父子關係好像冷漠了些，但父親和我的關係，就如同我和太郎的情形，只要看看對方，就可以確認彼此的想法。

我的職業，雖不是必須有繼承的家業。但對於與我選擇同樣道路而正在學習中的太郎，我會全力支援他。

十月八日（星期五）〈晴惠　記〉

要遵循大夫的交待：

「只要是好消化的東西，要吃什麼就吃什麼，沒有關係的。」

所以我丈夫期待的雞肉汆煮，因營養價值高，所以ＯＫ。

晚上五點就準備好稀飯和雞肉汆煮了。今天他看起來食慾很好的樣子。

太郎應該已回到了日本才對。我的弟弟開車去接他，丈夫看起來心情很興奮的樣子。在加護病房裡，完全看不出有什麼焦躁的表情，所以醫院裡都讚佩不已。現在的情形和以前不同，使我覺得好笑，但他本人仍力持鎮靜。

「你打電話看看。」

這樣交待我好幾次，每次都得到弟弟從車中的回答說正塞車中。

九點過後，終於來了。丈夫想發揮他練習的成果，要從床上站起來走路，可是當太郎伸出手來，就想扶著太郎的手，二腳站立起來。

這時愛很高興地說：

「四人終於又團圓了。」

然後看看家人各人的臉孔。

十月九日（星期六）

中午，我們全部家人都集合在我的病房。我的人生中，有好的工作，也有好的家人，身為這樣的男性，我應算是獲得了最高的幸福了。

太郎留學美國，帶回親朋們寄託的慰問信和禮物。透過傳播媒體，傳達我宣布「與癌搏鬥的宣言」，使越過海洋的那一端皆可得知。這同時也使我多少覺得有些靦覥。聽說紐約的NTI局設置有「逸見、加油」的專戶，大概已接到超過三〇封的信函了。

我讀那些接到的信函，多半都是駐派員或其家人所寫的。但除了日僑第一代、第二代之外，也有美國朋友寄來的。對於這麼浩大的聲援，我由衷的感謝。真得謝謝各位！

愈來愈覺得自己走路已快恢復正常了。進食方面，已恢復普通的飲食狀態。或許是因為胃已全部切除，一下子就覺得肚子飽了。可是奇怪的是，只隔一段時間，就又覺得肚子空空的，所以就像小孩子一樣常吃點心充飢。

喜多村大夫對於這樣的情形說「吃吃點心，很好啊！」但我對最近正熱衷推行減肥的愛，感到非常愧疚呢！

只要不發燒的話，就可以被允許洗頭髮了。

可以洗頭髮↓吃普通食物↓可以洗澡↓出院。

這個周期到底要多少時間才能達成？

太郎說他下下個月才會回國，那時不知我出院了沒有？即使還未出院，希望已可以回家過夜了。

羽生教授說：「（癌細胞）可以切除的都已全部切除了」；喜多村大夫說「現在，無論在身體各部位都已沒有癌的踪影了。」或是：

「逸見你還年輕，會很快恢復的。」

九月過世的華肇先生，一直到癌症最末期卻仍不知道自己的病名。這可能是一種遺憾。是否要告知病患本身有關罹癌的事實，今後仍會成為持續爭論的問題。但當被告知的衝擊，是沒親身體驗過的人，所無法了解的巨大震撼。但是，也正由於被告知真實情況，可以清楚掌握自己的病況，接受主治醫師的指導。以我本身的情形，雖然曾感覺痛苦，但還是覺得比起全然不知而接受手術的情形好多了。只有自己知道罹患癌症的事實，才能理解大夫所說的話。

如果華肇先生能知道自己病名的話，說不定會很堅強地和疾病搏鬥。而或許就能因此加以克服。但若精力薄弱的人就很難進行這樣重大的考驗，像我自己就曾好幾次失敗；但我相信，華肇先生有堅強的意志力。

十月十日（星期日）

使用步行器進行的復健工作很順利。看這樣的情形，可能就如同大夫所說的，不久之後就可以自行如廁了。

和昨天一樣，並沒有發燒的情形。已經持續一個月以上未曾洗過頭髮了。感覺黏黏的，但奇妙的是都沒有頭皮屑。這一週就可以洗頭髮了。

三木常務董事從事務所帶來人家送過去的慰問卡和慰問品。愛把它們一一開啟。

使我深深感到：

「人間的財寶，就是人際關係啊！」

十月十一日（星期一）

終於可以洗頭髮了。還沒有辦法洗澡，就快被許可了。

護士幫我洗臉。

「爸爸，怎麼這麼多頭皮屑。」

和妻子一起為我吹風的愛，瞪大了眼睛這麼說著。到底是隱藏在哪裡?這樣無窮無盡的頭皮屑。用力洗乾淨些，完全把它洗乾淨。

只是洗頭髮，就感覺很舒服了，就好像去洗澡而把長年的污垢洗乾淨了。

使用吹風機吹乾頭髮，然後換睡衣。這衣服已穿了三天了。換衣服時覺得左腳稍微僵硬，但已是能相當自由地動了。

換上睡衣以後，感覺好像因輕微的病住院一般，妻子說：

「剩下來就依靠抗癌劑來徹底消滅眼睛看不到的癌細胞預備軍就可以了。因此就和輕微的病情沒有兩樣的嘛。」

太郎希望繼承我的職業的記者會，在Wide Show公開播放。八日晚上，來到我病房後，就到富士電台做VTR錄影。

也許各位會覺得我身為人父才會如此坦護自己的小孩，但事實上畫面所呈現的鏡頭真的很不錯，所說的話，所使用的語氣和表情……說坦白的，我真的沒想到會這麼好。唯一就是聲音情況不太理想，所以我有些擔心，但是想想應讓觀衆熟悉之後，就不會有問題了。

下午，太郎帶來VTR沒剪接過的錄影帶，正因為太郎很嚴肅認真，所以我以同業前輩的立場，一面看著錄影帶，一面提出建言來修正他，雖我心裡想：

「能達到這種程度已十分不錯了。」

其實知道這是因站在為人父疼惜孩子的觀點而出，若是想和同業的競爭，作為終身事業的話，這種程度的成績馬上會被遺忘的。現在因為是「逸見政孝的兒子」的關係，大家投以同情。但如以獨立的逸見太郎邁上人生路途的話，就必須比別人更努力才行。呈現在螢光幕前，他所使用的語言及語氣，只是和別人相同的水準，並不會特別引人注意。

如不依著逸見政孝的兒子太郎名聲，而要成為專業人才「逸見太郎」的話，就必須更多的學習。

不愧是身為長男的太郎，當他從喜多村大夫那兒聽到我詳細的病況後，以鬆一口氣的表情對我說：

「好好增加體力，早日康復吧！」

這句話聽起來就像出院二字，已近在眼前了。

太郎明天就要回美國了，其實我並沒有那麼嚴重，所以對於太郎專程回國看我，非常感謝。

十月十一日（星期一）〈晴惠　記〉

太郎代替我陪了丈夫這麼長的時間，坦白說，我感到很輕鬆，丈夫也很高興。我也可以回家做做家務事。

普通都是下午才開始會面的時間，但太郎特別珍惜寶貴的時間，每天早上就去了，二個男人間的對話，好像說也說不完。

由於太郎回來了，覺得丈夫的活力倍增。還要充實體力半個月，而現在他本人正積極走路、積極飲食。就如喜多村大夫所說的恢復的情形良好，如能繼續以這樣的情況進展，丈夫在記者會上所表明的決心「克服癌症而生還」，到年底就可以實現了。

下午，得到洗髮的許可了。使用一台大的洗髮用的機械來進行，丈夫只要把頭伸到前方就可以了。然後由護士替他洗乾淨就可以了。我對這機械感到欣賞，只要按下鈕，蓮蓬頭就有水沖到丈夫的頭上，洗髮精也噴到頭上，然後在大的洗臉盆上開始洗，實在便利。

洗完頭髮後，機械裡殘存著大量的掉髮。

「正表示太久沒洗頭髮的緣故」，我心裡這樣想著。

怕引起感冒，所以和愛二人用吹風機吹乾丈夫的頭髮，丈夫說：

「喔，好舒服哦！」反覆說了好幾遍。

和愛二個人到頂樓去，而他們二個男性，一面看著太郎記者會的實況，一面研究著。太郎為繼承父職，而到波士頓留學，因為至少要會自由使用二種語言的時代來臨了。

他們二人研究的內容不明，但知道丈夫給了太郎及格的分數。

十月十二日（星期二）

今天，太郎要回美國。早上八點，到病房來和我辭行。我們父子二，無論重逢或離別，都使用握手的方式，我站了起來：

「好好努力吧！」

「好的！」

在太郎粗壯的手中，我的手顯得很細弱。「希望你早日康復」當握住我的手的那一瞬間，我感覺我的眼眶濕潤了。太郎的意氣是那麼高昂，如果我掉下淚來，豈不顯得太滑稽了嗎？可是，眼淚還是流下頰邊了，我趕緊轉過頭去，卻仍是掩飾不住了吧……。

太郎再回國，就要在二個月後的事了。在那之前，狀況應該要改善很多才行。

終於拔掉點滴了，原本代替步行器之用的點滴架也和我遠離了。沒有了阻礙行動的點滴管，有多舒服的解放感呀！

不但睡覺時能自由翻身，洗髮時也很自由，還可以自己走去廁所。再接下來就是等待進食普通食物和允許洗澡了。

喜多村大夫說，十月為體力的恢復期，到十一月就要使用抗癌劑完全消滅癌細胞。

「接下來，應就是出院了吧?!」

太郎回國的十二月，能否舉行出院記者會呢？預定在家中療養一個月左右，不，可能還需要更長的時間吧。同時也必須要移交本有代主持的電視節目。如果一切順利進展的話，說不定三月後就能回社會中工作了。

不管如何，現在都必須要多吃、多運動。已可以在病房隨心所欲地行動了，明天應試著到走廊走走看。我在心底暗自發誓，要早一日自由行動，隨心所欲地吃著。

十月十二日（星期二）〈晴惠　記〉

丈夫雖然希望太郎可以陪伴在身邊，但更希望他早點回學校。他經常跟太郎說：

「爸爸在這二十年間，都腳踏實地努力做好播報員的工作，也由於如此才有今天的地位，所以你也不要太急進」要太郎牢牢記住他的話。

拔掉點滴後，我到醫院去看他，已完全從管子中解放了，很愉快的樣子。

接著進行的復建治療，就是要多吃。

喜多村先生交待我說，從今天起三餐的種類和數量都要記錄下來。

晚餐就吃泡麵、四分之一哈蜜瓜和少量芋頭。

十月十三日（星期三）

早上，就像以往一樣，三木常務董事又送來一大堆報紙。當我看到第一面的標題，真使我驚訝極了，不論任何一份報紙都報導著：

「逸見的長男擔任日本『The Wide』的駐外記者。」

「逸見先生的長男太郎擔任記者。」

以如此大幅的報導。而其中最使我驚訝的就是還特別註明：

「父親鼓勵特別受到電視公司聘請的太郎說『你去試試看也好』。」

「是繼承父業的最好機會。」

「知道太郎被聘請為駐波士頓記者後，逸見先生對兒子提出感激的建言。」

類似這樣的報導層出不窮，就好像得到我的贊同般大肆報導著。

的確，我很高興太郎要繼承我的事業，也由於如此，我會盡己所能來協助他。但他現在仍在就學中，所以一切都還尚早。

當初我並沒有接受任何人的援助起步，全憑埋頭苦幹之後才邁上播報員的道路。持續不斷地努力學習，而且在沒人看到的地方，還要比別人更加努力學習，如此才得到社會的認同。所以若是無法覺悟無論多麽努力也不一定會獲得肯定的話，就無法擔任這個工作。

太郎現在仍是學生，在學業還沒修習完畢前，怎麽能做好駐外記者呢？

同時，並不是只有我有如此反應；當妻子看到報導後，就好像晴天霹靂般。一切都應等到有正式的聘請才算數，更何況就算是正式的聘請，現階段仍是不能接受的。

剛從點滴解放出來的我，馬上就到屋外去了。但所謂的屋外其實只是醫院的走廊罷了，從這一端到另一端大約有七〇公尺長，我要試試看自己能走多遠。

結果，我能持續地走著，當到這一端後，可以再走回去。走回去後還能再繼續走，就這樣來回了五次，總共走了五個一四〇公尺，所以共有七〇〇公尺左右。連擦身而過的護士都回過頭看看，吃驚地說：

「以普通的速度走動，我還以為不是你耶！」

中餐開始吃普通食物了。可以吃些什麼呢？

拔掉腹部的排液管了。明天，預定要拔掉剩下的另一條。

上午，一樓因瘧疾住院的田中健，來到病房向我辭別說：

「在非洲遇到好幾次非常恐怖的情況，但當我一想起出發前看到逸見舉行充滿勇氣的記者會，我就湧出勇氣來面對！」

看到他離開醫院的背影，我突然有「下一次就輪到我」的感慨。

十月十三日（星期三）〈晴惠　記〉

報紙上以很大的幅度報導有關太郎要擔任駐外記者的新聞。我和丈夫都感到非常訝異。

新聞的內容報導說，由於日本電視公司所委託的題裁很自由，所以太郎大可以隨心所欲地取材。丈夫說：

「我怎麼未聽他提過這方面的事？」

然後又說：

「如果他跟你談有關這方面的事。你要告訴他，還在就學中，絕對不可以答應。」

其實，原本我和太郎就都有這種認知了。

但是，為什麼每一報紙都登載這樣的消息呢？真是不可思議。

中午，配合晚餐時間趕忙做了丈夫愛吃的三色便當，包括愛二人份也都一齊帶到醫院來。腹部排液管拔掉了。

早餐——稀飯

中餐——二個飯糰、少許牛肉火鍋、哈蜜瓜

晚餐——三色便當三分之一、哈蜜瓜

結婚紀念日

十月十四日（星期四）

再二天，手術後就剛好滿一個月了。明天正好是我和妻子的結婚紀念日。手術後，經過大夫和護士的照顧下已有令人刮目相看的長足進步。還未獲得入浴許可，也不允許請假回家過夜。

腹部的排液管預定明天拔掉。

昨天連續在走廊來回走了五次後，稍微在病房休息一下，決定向全國觀衆報告我的感謝之意。

在全國觀衆的關懷之下，及依靠著有勇氣大夫的力量，無恙地完成除去看得見癌細胞，這工作已經過一個月了。

現在最困難的工作就是飲食的方面，由於切除的臟器很多，所以不可能收納大量的食物，須每天繼續奮鬥。

可是，為了準備對抗確實潛在，但又看不見的癌細胞而使用抗癌劑，這是下個階段的重點，所以必須先培養體力。

我現在達成的工作，也就是繼續奮鬥。

我們夫妻第二十三年的結婚紀念日要來臨了。

今年的生日（二月十六日）必須在病房裡過，所以這一年的運氣可說是不太好。

但是，因託大家之福，現在的我敢言，今後我一定還可以增加多次的結婚紀念日。也只有這樣，才能完成我對家人應盡的使命，及對所有聲援者應盡的義務。

雖然今年的結婚紀念日是在病房裡渡過的，但我是以開朗的心情來迎接它。

但是結婚紀念日的慶祝會，我想還是延到不久後出院時，全家再團圓在一起。

「進行搏鬥的對象已由痛變為苦，我仍需持續不懈地努力。」

安排插入在前頁「也就是繼續奮鬥」。然後再重新謄寫一次。

十月十四日（星期四）〈晴惠　記〉

由於媒體記者要求我們說：

「你們夫妻的結婚紀念日已快到了，請你寫一寫心裡的感想給全國關心你們的觀衆朋友們。」

所以我丈夫就開始動筆寫了。

其實我們家並沒有特別慶祝結婚紀念日的習慣，但大多依照慶祝生日的方式，到外面餐廳去歡樂一番就是了。從我們結婚以來，慶祝重要日子的方法，丈夫都是決定到外面餐廳去慶祝。

去年的結婚紀念日，我們二個小孩都不在日本。所以我們兩人就決定到青山的義大利餐廳去吃一頓以資慶祝。而不喝酒的丈夫就擔任替我倒葡萄酒的角色了。

早餐——稀飯、南瓜（各⅔）

午餐——壽司⅓、哈蜜瓜

晚餐——二色便當⅓、菠菜、哈蜜瓜、鮭魚

十月十五日（星期五）

前天和昨天都一樣來回走了五趟左右的距離。今天走了六趟，大約已有八五〇公尺左右了。也相當於從我位於奧澤的家中到九品佛站的距離了。而且能以與住院前相同的速度行走。

下午要拆線了。

包括肚臍和許多切除器官的部份及移植左大腿皮膚覆蓋腹部的部分都要拆線。而且聽說今天晚上就要把最後的排液管拿掉了。真的如此的話，我就將所有的人工器管中完全解放了。

吃了由三木常務董事買來的章魚燒，真是美味極了。

「你吃這麼多，會對身體不好哦！」

「說什麼話，是喜多村大夫要我多吃的啊。」

可能是因囫圇吞食了五個小型的章魚燒，或是章魚沒嚼碎的關係，過一段時間後，覺得有些不舒服。

「你看你，真像嬰兒似的。」

妻子和愛看到我這樣後，取笑著我說。

十月十五日（星期五）〈晴惠　記〉

第二條排液管拔掉了。縫合線也拆掉了。

也吃了期盼很久的章魚燒小吃。是關西風味的章魚燒，在赤坂的三木製片所附近，所以就拜託常務董事幫忙買來。

如依大夫所交待的，小麥粉是碳水化合物，可以儘量食用。雖然丈夫原有輕微的糖尿病，但現在要注重的是培養體力，所以大夫就交待能吃就儘量吃，沒有關係的。

今天的食慾非常好，可能是每天在走廊來回運動的關係，肚子容易餓吧。

早餐——稀飯、咖哩雞、酸梅、芋頭味噌湯、冬瓜、餅乾二片

午餐——章魚燒五個、煎魚½、冰淇淋⅓

晚餐——海苔便當⅔、煎蛋二個、蘿蔔一片

十月十六日（星期六）

上午和昨天一樣，在走廊來回走了六次。明天預定要向七次挑戰。

「雖然還不可以泡澡，但已可以浴缸內淋浴了。」喜多村大夫這樣許可說。

到了下午才進行淋浴，當看到鏡中映出自己的裸體時，不禁愕然。早就知道已沒有肚臍了，但左腿瘢痕瘤的傷痕和二隻如腿骨頭般細瘦的腿，及不敢去游泳池怕被人看到的腹部巨大傷痕，在在都使我感到難過。

從今天起，我又愈接近一般健康的人了。還要繼續半個月，進行多吃的計畫。才能培養出體力抵抗日後的抗癌劑。手術後剛好一個月。為了提早一天慶祝結婚紀念日和手術後一個月，妻子準備了我最喜歡的雞肉氽煮。

十月十六日（星期六）〈晴惠　記〉

使我一直耿耿於懷的就是丈夫吃了章魚燒而消化不良問題。而當喜多村大夫吃驚地說：

「他，連章魚燒都吃下去了啊？」

讓我產生後悔不及的懊悔。

大夫說可以淋浴了。丈夫已恢復到可快步在走廊行走的程度了。雖然可以淋浴了，但因較耗費體力，我就在旁幫忙著。

丈夫脫掉衣服裸身站著，我換穿短褲進入浴室淋浴。

看起來好像不能自己站好的樣子，身材也比以前瘦弱，給人皮包骨的印象。可是只要食慾好，應該很快就能恢復以前的樣子。

穿著衣服看不出其實已細瘦到像二隻棒棒腿上支撐的皮包骨般的身體。左大腿上有紅色的傷痕，兩腿的內側部有縫過的痕跡，實在痛心。

早餐——稀飯、高野豆腐、人參、魚肉山芋丸、酸梅

午餐——炒麵三分之二、山藥汁

晚餐——雞肉汆煮（白菜、雞肉、芋蕈）

雞肉汆煮，我們親子三人一起吃。

十月十七日（星期日）

早上，護士來抽血。「恭喜，恭喜啊！」才剛睡醒，半夢半醒的聽不懂到底在說什麽，

只看到微微笑著的表情。

「喔，原來是在說我們的結婚紀念日。」

我恍然大悟。

之後，來測體溫的護士、送食物來的護士，——連沒什麼關聯的護士也都進入病房說：

「恭喜，恭喜啊，結婚紀念日。」

當我在走廊步行時，看到我的人也口口聲聲跟我道喜。以同樣的情況走路，已開始進入七次來回的階段。七次來回，大概一公里左右。想起一開始，左腳僵硬無法動彈，以至於無法踏出步伐的情形，好像是很久以前的事了。

今日連續著好采頭。女兒愛，只是第一次參加考試，就拿到了汽車駕照。

「這就算是我送給你們的結婚紀念禮物。」

她還說，等我出院後，再開車載我去兜風。內心想著「沒問題吧？」卻沒開口告訴她。

「繼續好好練習吧！」

強抑住眼眶熱淚。

下午，巨無霸尾崎在朝日啤酒盃高爾夫球賽中獲得優勝。就交待妻子，送去了祝賀勝利的花束。今天連續一整天，有好幾次的好消息。連以前會疼痛的左腳傷口，現在也只是感到很癢，很想抓抓癢，卻又不能抓。看我這為難的樣子，三木常務董事就說：

「真太好了，看這情況就表示快痊癒了呀！」

聽說如持續這種情況，順利恢復，這個月底大概就可以請假回家過夜了。

喔，早日回家吧。

十月十七日（星期日）〈晴惠　記〉

第二十三年的結婚紀念日。愛拿到了汽車駕駛執照。

前些日子，愛回國後，說要練習開車。結果才不到二個月，就考上了執照。本來我認為若只是父親會擔心這樣的理由，不足構成不答應的條件，所以就讓她去了。沒想到，現在卻變成了一起去兜風的共同話題。

早餐——粥、鱈魚$\frac{2}{3}$、麩二個、哈蜜瓜

午餐——吐司一片半、果醬、乾薯三片、少量馬鈴薯炒肉、哈蜜瓜

晚餐——烏龍麵$\frac{1}{4}$、蛋

情況順利！

十月十八日（星期一）

由於昨天的美食之旅電視節目觸發了我的食慾，所以今天就要求妻子作松茸飯送過來。

上午做完十來回的復健運動後，聞到松茸的香味，覺得特別香。醫院所提供的稀飯並沒有吃完，但如果是這類的一般食物就吃得津津有味。所以愛就訓誡我說：

「吃醫院提供的就像在吃藥一般痛苦，爸爸你不要奢求喔！」

裝作沒聽到，繼續要求說：

「想要吃河豚。」

即刻遭到拒絕說：

「出院後才可以吃河豚！」

一　十月十八日（星期一）〈晴惠　記〉

為順應丈夫的要求作了松茸飯。他原本就是喜歡日本食物的人。既然現在煮了松茸，順便就放入他喜歡的香菇、芋頭等，放在漆器套盒裡。我知道他喜歡松茸，結果他表現出的喜愛程度更大。

早餐——稀飯，菜少許

午餐——松茸飯⅓、香菇、紅蘿蔔、芋頭等煮物

晚餐——松茸飯¼、肉包½、哈蜜瓜

十月十九日（星期二）

今天外面很熱鬧，鳴槍「砰」的一聲，可能是運動會吧。妻子說對面的稅務大學宿舍內的運動場上正舉行運動會。妻子和愛二人到陽台上看了一會兒。

十月十九日（星期二）〈晴惠　記〉

從醫院看過去，對面就是稅務大學的宿舍。今天舉辦了運動會。不論年輕的、年紀大的都又跑又跳的……

和愛二人出去看了一會兒。

「能活動活動身體，多好呀！」

丈夫不知不覺說出這些話。

為了呼應化裝遊行的那一行人，我也相應揮揮手。結果愛就在旁罵我說：

「你在幹什麼呀！媽媽。」

不管如何，好想早日全家聚在一起和他們一起活動活動身體，不知有多好。

早餐——稀飯、酸梅、菠菜、高麗菜捲少許

午餐——果醬吐司一片半、菠菜、蝦仁丸一個、豆腐少許

晚餐——海苔便當⅓、煮豆少許

十月二十日（星期三）

今天的情況頗好的。在走廊走了十次來回還嫌不夠，想在醫院裡到處逛逛。但考慮到可能會造成院方的困擾，所以就像動物園的獅子、老虎般只在同一個場所，踱來踱去。

早餐吃果醬吐司（一片半）、魚肉山芋餅（二個）、果汁（一杯），全部吃光。

午餐就是飯（半碗）、生魚片（五片）、冬瓜（一塊）、清湯（少許）、點心蛋糕一塊。晚餐準備了豆皮壽司（二個）、鹹沙丁魚乾（小五尾）、哈蜜瓜（一片）、橘子（四分之一個）。飯後再吃半個豆沙包。

「你比入院前的食量還大哦！」

聽到妻子這麼說，心裡很高興。

十月二十日（星期三）〈晴惠　記〉

最近，丈夫常要求要吃水果。

「不需介意血糖的高低，可以放心去吃卡洛里高的食物。但要記得吃些軟的，才好消化。」

喜多村大夫這樣提醒著。可是他已吃過章魚燒和松茸二次了，當大夫知道後吃驚地說：

「有沒有切碎一點呢？」

如此對我說著。但不管如何，可明顯看到，他最近食量增加很多。連過去列入禁食的糖果巧克力，也都可以儘量地吃。是不是因為得到特別待遇，才能盡情食用呢？

早餐——麵包一個半、果醬、魚肉山芋餅二個、果汁

午餐——飯½、生魚片五片、冬瓜少許、清湯、蛋糕一個

晚餐——豆皮壽司二個、哈蜜瓜1/10、豆沙包½、橘子¼、鹹沙丁魚乾五小尾、茶

十月二十一日（星期四）〈晴惠　記〉

我了解當丈夫看到愈來愈厚的日記時，一定期待能趕快將這門病日記出版。

喜多村大夫滿面笑容，進入病房說：

「按這情形看來，這個週末就能回家過夜了。」

若是能回家過夜，原本就代表出院的腳步近了的意思。可是丈夫的情況，就還剩下必須將眼睛看不到的癌細胞加以完全消滅的重要課題。

因此這個週末，應該讓他盡情地看看長片或是電影才好。丈夫每次看到電視上的啤酒廣告裡牛肉火鍋的鏡頭時，就流露出很羨慕的表情，可想而知，一定會要求要吃的。

早餐——稀飯、白菜、馬鈴薯、味噌湯

午餐——三色便當½、鰈魚少許、醋拌魁蛤和裙帶菜少許、柿⅓、蛋糕、麥芽糖

晚餐——三色便當½、馬鈴薯一個、綠花椰菜少許、柿子、哈蜜瓜

十月二十二日（星期五）

羽生教授的複診日。在喜多村大夫的陪同之下對我說：

「手術很成功，按逸見先生您的恢復情況來說，比我們原先想像的還更順利。所以一切不按照原先預定的，從下個月開始，投以抗癌劑。」

而在這句話之前，就已許可請假回家過夜了。明天，就可以回家裡了。

要把散亂的頭髮理一理，書房整理整理……想做的事很多。晚上還是吃大鍋菜比較好。雞肉汆煮、黑輪等都是妻子常烹煮的食物，所以我想明天應該吃牛肉火鍋。

要連續投以抗癌劑五天，然後休息七天，如此一連兩次，所以會耗費相當多的體力，要先準備好。另喜多村大夫還交待說，由於使用抗癌劑的關係，可能會產生掉頭髮、噁心嘔吐之情況。

「逸見，像你這樣有那麼堅強的毅力，不會有問題的，放心好了。」

大夫雖然若無其事地說著，但我其實很擔心噁心嘔吐的狀況。晚餐，吃了三個以前就要求要吃的大阪壽司。或許是不可吃這個的關係，到了晚上，又不太舒服。

十月二十二日（星期五）〈晴惠記〉

準備回家過夜了。

進行大手術後一個多月而已，但因丈夫恢復的情況良好，不太像病人的樣子，照這情況看起來，應是可以回到工作崗位了。

使用抗癌劑後一個月，就可以出院了。明天回家後，頭一件要做的事就是淋浴，而後就是去書房。放映室的音響效果非常好，他本人也常引以為傲。

早餐——稀飯⅔、黑輪（竹輪少許、魚板一個）、蘿蔔、酸梅、運動飲料½罐

午餐——切細的松茸飯½、芋頭二個、菠菜少許、運動飲料⅔罐、哈蜜瓜少許

晚餐——八竹餐廳的壽司便當（小點心二個）

腹部激痛，禁止外出

十月二十三日（星期六）

早上，激烈的腹痛困擾了大夫和護士。而且因為肝機能的數值異常，所以回家過夜的許可取消了。可是，喜多村大夫說：

「別擔心，下個星期就可以回家過夜了。」

趕快再檢查。且原本在走廊步行的復健中止。看這個情形，下個月大概不能保證可以退院了，所以對於每年例行的高爾夫球賽，只好正式決定無法參加了。

「逸見慈善盃、高爾夫球賽」今年是第四屆，預定十一月二十二日（星期一）在茨城縣的常陽的鄉村俱樂部舉辦。所有參加者的賽程表也都作好了。這次有一八〇人次參加，但最後不得不放棄。

大概會造成相關人員的困擾，已經用私函通知中止賽程了。無論如何，明年春天我一定要站在果嶺上打球。

十月二十三日（星期六）〈晴惠　記〉

因為腹痛的關係，回家過夜的許可被取消了。又開始一連串的檢查了。

這樣的變化，一刹時使我全身全失去了力量，失望極了。

由於丈夫非常地努力，才能如此迅速的恢復。因此當面對開始絕食狀態的檢查狀態，他非常的失望。所以他的表情就像是被擺放在自動運輸帶上，默默無言，接受所有的檢查。

而看起來仍保持樂觀的喜多村大夫說：

「沒問題，沒問題的。下週就可以回家過夜了。」

聽到這句話，卻仍無法安撫我。而且連帶的，也沒辦法按丈夫的要求作料理了。

十月二十四日（星期日）

肝機能的數值仍然還是異常。而且被迫要保持安靜。

向日刊運動報紙的谷口先生借來，近來成為熱門話題，山田洋次導演的電影「學校」。

我從一九八八年舉辦第一屆以來，一直擔任「日刊運動報電影特展」的審查委員職務。而預定下個月底舉行的第六屆選考會議，我到底能不能出席，大概只有神知道了。

這部電影因為是導演嘔心瀝血的畢生之作，值得再三地思考體會。如果另有機會的話，再詳細寫下感想。我託三木常務董事有關我寫給日刊運動報的觀後感想：

我終於觀賞到這部廣受好評的電影。

從這當中，切身體察出何為幸福，

所以，我絕對不能向死亡屈服。

這部電影，的確非常溫馨。

逸見政孝

十月二十五日（星期一）

肝機能數值終於恢復正常。

進行檢查到今天，已經是第三天了。原本，已要回家過一夜了；而現在卻連續三天不能吃東西，我的肚子，只懷念著已逐漸變為幻影的牛肉火鍋啊！

十月二十六日（星期二）〈晴惠　記〉

喜多村大夫說，之所以會這樣都是因腸閉塞所引起的。腸子不能發揮正常的功能，所吃的東西就會堵塞住，而在這種情況下，如何能吃不易消化的牛肉火鍋呢？同時，這樣的狀態，當然不可能允許外宿了。因為所有外宿的食物，都會引起腸閉塞。

「腸閉塞，就表示腸功能不好。而以逸見先生的情況來說，會阻礙腸功能的，首先要考慮的就是癌細胞的存在。可是，手術已全部切除掉了，所以應該不太可能是癌的復發才對。」

聽起來好像連喜多村大夫都不清楚原因的樣子。

以前那麼順利，但為什麼突然發生問題呢？

我了解之所以持續每天做檢查，就是為了查出原因。「到了這個階段，即使是做檢查，也很難察覺出是否復發了。」因為即使假定復發了，卻太微小了，所以連X光也很難查出。

十月二十八日（星期四）〈晴惠　記〉

看到丈夫所進行的檢查，使在他身旁的人感到難過。

仍是相同的絕食狀態。只依靠著點滴來維持生命，而且必須不斷地忍受陣陣襲來的噁心嘔吐感，同時體力日衰。不僅不能下床走路了，就連想執筆寫字也辦不到了。

「我現在沒辦法寫，你就幫我寫吧！」

丈夫這樣交待著。他遵守一切醫療的流程順序來進行治療，但為什麼腸不能發揮正常功能呢？實在太奇怪了。

「我完全遵循著醫療流程，為什麼還無法發揮功能呢？」

丈夫斷斷續續地說著。

其實院方和丈夫有同樣的想法，覺得奇怪。所以天天照X光，喝鋇水。而事實上，腸子的功能的確產生異樣，因此接下來，就是要查出到底是哪一部份喪失功能。而以我的立場來說，最希望的就是丈夫趕緊恢復他堅強的精神力。

因為如有堅強的精神力，就絕對能克服癌病。由於使用抗癌劑的關係，一時間舌頭潰爛了，頭髮也掉光了，可是即使如此，能出院恢復普通正常生活的人，還是很多。

假如有癌細胞潛伏著，聽說可以抗癌劑來完全消滅掉。

更何況，腸子無法發揮功能，並非是癌細胞復發時期的特徵。就算假定是癌復發了，也並不會如此強烈阻礙到腸子的功能啊！

那到底為什麼呢?!

十月二十九日（星期五）〈晴惠 記〉

比以前更消瘦了。默默無言的，但已不會像從前一樣流眼淚了，也沒有高興的表情。即使連「嗯、嗯」這樣的回答也不對我說了，只是還會頷頷首而已了……

即使是和女兒愛之間，也沒有什麼對話。

「爸爸，你聽到我說話嗎?你有沒有看過那部電影呢？」

「哼……」

以這種情況回應，但並不表示任何回答。所以愛生氣地說：

「爸爸，你為什麼都不回答我呢？」

因而感到憤怒，可是他卻依然沒有反應。

十月三十日（星期六）〈晴惠　記〉

晚上無法成眠。胸中感覺到莫名的不安騷動著。打電話給幾位朋友問問他們。當他們聽說從下個月開始，要使用抗癌劑都說：

「是不是不要使用（抗癌劑）較好？」

「可不可以要求不要使用抗癌劑？」

我和丈夫商談，結果他以緩慢但堅定清晰的語氣說：

「我若不能戰勝疾病，就不能生存下去。」

喜多村大夫經常出席相關的學術研究會，所以常帶回最新的訊息。而他也常得到如「逸見先生，應以這種方式來進行治療才好」或是「某種治療方法才對」意見紛紛的說法層出不窮。

丈夫清楚地知曉大夫的熱誠：

「大夫一直全力以赴地來治療我，所以應順從他所有的決定。」

丈夫作了這樣的決定。

丈夫的意志想遵照預定的計畫使用抗癌劑，以我的力量是無法改變的。

第二期的搏鬥，開始！

十一月二日（星期二）〈晴惠　筆〉

手沒有力量握筆，所以我口述然後讓妻子記錄下來。

抗癌劑決定下周星期一（八日）開始使用。聽說若能順利進展的話，十二月中旬就可以出院了，之後每周一次定期回醫院檢查。

在太郎回國的時候，我必須要出院了。

在左鎖骨埋入一個貯器，耗費的時間二個半小時。

所謂貯器就是一條細管，下週就要透過這條管子，將抗癌劑注入體內。

喜多村大夫形容我現在的狀態就為螢火狀，或只剩餘燼的程度罷了。但外觀雖只為黑炭，若內裡還餘有熱度的話，就不能預防何時會再復燃了。而要潑下一杯水防止它，讓它熄滅，這就是使用抗癌劑的功用了。

癌細胞並非只限於眼睛看得見的部分，能將眼睛無法看到的，也就是預備軍部分控制住，才算是完全治療。

既然我能戰勝手術和手術後的種種……。接下來第二期搏鬥，就開始了！

十一月二日（星期二）〈晴惠　記〉

昨天的檢查結束後，丈夫口述，我記錄。在細瘦的身體埋入貯器（reservior），同時決定從八日開始使用抗癌劑。

要求大夫換病房，因為這間房間在夏季時還好，但當氣候塞冷時，卻照不到陽光，所以還是決定換一個溫暖的房間較好。

裝上貯器（reservior）後，丈夫的表情較有精神些。

十一月八日（星期一）〈晴惠　記〉

如願以償調換房間了。能照到陽光的房間感覺果然較好。

開始使用抗癌劑。丈夫完全不說話。「因為喉嚨渴，又想吐」所以不想開口。

點滴從過去白色的袋子（林格氏液）轉換為黃色的袋子。聽說可以補充高營養的樣子，外形就如同醫院的枕頭一般大小。曾聽到若使用抗癌劑的話，人會失去食慾，但給人的印象卻是完全不能進食的。

雖然表情看不出來，但應該很痛苦。

十一月十一日（星期四）～十二日（星期五）〈晴惠　筆〉

使用抗癌劑的第三天，可能會產生憂鬱副作用的樣子。

因為前天晚上開始有嘔吐現象，所以決定從鼻子插入一根六〇～七〇公分的管子。

喜多村大夫要到新宿去參加學術會議。昨天他決定說：

「下午，二點～三點時，插入管子。」

但是，在八點半複診時，就決定插入了。

而到了九點過後，喜多村大夫打電話過來說：

「至少在下午二點以後，才可能拔掉。」

插入這管子，會讓患者痛苦，而且若是神經質的人，晚上還會睡不著，所以對我來說，還是盡早拔掉的好。

下午複診時，並未決定抽掉。年輕的大夫，看到腸子功能不好，管子有從腹部吸引出膽汁和胃液三〇〇㎖。所以下判斷說：

「繼續插管子。」

以喜多村大夫來說，他因為關心我，所以儘量想要安慰我。但我卻因為太期待盡早拿掉管子，而愈感覺焦躁不安。

夜晚複診時，年輕大夫又說：

「要繼續插著還是要抽掉，等有嘔吐感時再插入，你自己做決定好了。」

我因為實在太焦躁了，所以就不高興地說：

「不知道，你替我決定好了。」

結果，不出我所料，他說：

「那麼，就繼續插著好了。」

其實這句話是年輕的大夫已有預定作法之下，來與我這病患進行所謂的討論罷了。而且為了導出這個結論，採取了二選一的方法，像這種對應的方式，實在無法想像竟是用來對待使用抗癌劑第三天的患者。這實在是十分刺激病患的。

不僅如此，就是深夜拜託護士說要漱口時，也是同樣不合情理。以按鈴呼叫來的護士，從冷藏庫中取出尚未開封的礦泉水。我本以為先前的那一瓶已使用完，但我卻看到冰箱裡竟還有一些未喝完的礦泉水，但護士卻又開新的，倒入茶杯。

（喂，喂，喂，喂，這樣不對吧？正常的情況應先用還有剩下的才對呀！）

我雖然想開口制止她，但又想也可能是徒勞無益罷了。

第二天早上，就又更精采了。

另一個護士來為我抽血。第一次不行，第二次也還不行。在我手臂上連插了好幾針後，開口說：

「好像不太投緣的樣子，我去叫更高明的人來。」

（喂，喂，喂，喂，什麼叫高手？既然要操作醫療的器具，是不是每個都應是高手呢?!）

最後找了一個男護士來替我抽血。

其實只要八㎖的血，我的手臂卻被刺了三次，有多難過呀！

十一月十二日（星期五）〈晴惠　記〉

丈夫訴苦說喉嚨渴、又嘔吐，這樣焦躁的心情，其實我能體會的。

在這中間，就只好開始口述筆記。由於說話的速度不快，所以很容易記錄下來。

一向說到做到的丈夫，即使在與癌搏鬥當中，仍然貫徹這樣的態度，反而是我顯得較懦弱，必需更努力才行。

十一月十五日（星期一）〈晴惠　記〉

從使用抗癌劑以來已經過一個星期。喜多村派人來聯絡我。所以和愛一起走下二樓去。因為怕運動不足，所以自從丈夫入院以來都不使用電梯，而走樓梯。

進入房間的第一句話就是：

「不能回歸社會生活了。」

在不完全清楚「不能回歸社會生活了」之下，回到病房。但這句話的意思，卻使我愕然。

我交待愛說：

「（在爸爸面前）不要流露出失望的情緒。」

二人相對無言互相鼓勵，一階一階的，慢慢爬上樓梯。可是當到病房時，倒入椅子上的我竟不知不覺中說：

「哎呀！」

「怎麼啦，是不是會讓你哀歎的消息呢？」

丈夫一這樣說，使我恢復了冷靜，連忙否定：

「沒有啦，

聽到我回覆時丈夫的表情

（好像在揣測到底聽到多不好的消息呢）的樣子。」

在回家的路上，愛指責我說：

「媽媽，你自己說不能流露出來，但為什麼還被爸爸察覺出來呢！」

愛是逸見的孩子，所以繼承了逸見堅強的性格。雖然我和她二人已約定好要堅強起來，可是我在無意中，卻因怯懦而隱瞞不住了。

十一月十七日（星期三）〈晴惠　記〉

病床上的丈夫問我說：

「你有沒有寫日記呢？」

近來，話雖說得很少，但眼睛卻很靈活，看起來就像以眼睛來收集情報的樣子。

前天，喜多村大夫這樣交待說：

「隔幾天才由住處到公司一次來回，然後再慢慢的縮短日數。」

「一週來醫院幾次，而在這中間，只能接受一件或幾件工作就可以了。」

「不可以再過以前那樣忙碌的生活了。」

以我來說，像如此矛盾的內容，持續在我腦海中迴繞著，以至無法平靜下來。即使不可以恢復社會的生活了，但如依大夫所說的，正常的生活好像還是能維持下去的樣子。

可是，丈夫就是為了恢復健康以維持原本忙碌的工作生活，才做下與病搏鬥的重大決定。

現在，我不知如何是好了。

爸爸絕對不會有問題的

十一月十九日（星期五）〈晴惠　記〉

喜多村大夫又聯絡我了。

「我必需坦白告訴你，他能清楚講話表達的狀態，大概不能持續多久了。因為使用抗癌劑的副作用的關係，咽喉會渴，還會引起口腔炎而阻礙說話。而且現在逸見先生之情況，體力非常衰弱，所以已不能期待他能恢復到可以盡情說話的狀態了。

請儘快叫太郞回來吧。我想如果能讓孩子清楚看到爸爸的生活情形較好。最好趕在父親還能和兒子作對談之前。就換作我是你們的立場的話，我也會這樣做的。儘量讓他們可以相處久一點吧！」

當走出醫院時，愛這麼說：

「雖然大夫是這麼說，但爸爸絕對是沒問題的。他已恢復到可以那麼有精神地行走了；所以雖應順從大夫的話，但我想這次不要太相信。」

回家後，打電話給太郎，剛好在他去學校之前，所以接到了我們的電話。他因為感恩節的關係，也可以放假了。

十一月二十一日（星期日）〈晴惠　記〉

太郎回國了。丈夫一直以為和太郎再會面的時間應該是下個月中旬，而之所以不告訴他，這是我們母子互相商量後的決定。

本以為丈夫會感到驚訝，可是，沒想到丈夫卻只是喃喃自語說：

「也許我會死了。」

這出乎意料的發展，使我愣了一下：

「豈有此理，他是因為感恩節休假才回來的呀。」

愛和太郎都說「爸爸沒問題的」，我也想這麼認為。但如以客觀的立場來看，既不能吃，腸子也無法發揮正常的功能；只是依賴點滴來生存，所以一日一日的消瘦下去。醫生也交待說「叫回兒子吧」的狀態。這就是今天以妻子的立場，必須考慮最壞情況的時候了。

十一月二十四日（星期三）〈晴惠　記〉

使用鎮痛劑。而且聽說今後當癌細胞活潑化後，為了要抑制痛苦，使用的量還會增加。

病房門上「小林一」的牌子下，貼上了紅色的牌子。我請問大夫，他說是只要必須注射鎮痛劑的人，就要作這個記號。我想起以前剛手術完的病房門口，也同樣有這個記號……。

十二月一日（星期三）〈晴惠　記〉

丈夫已無法手拿電話說話了。咽喉很渴，舌苔也變成白色。

「我要說的，你都替我說好了。」

仍然還是持續這種狀態，看起來很痛苦的樣子。只說一句話，就需耗費很大的能量。

終於鼓起勇氣去問喜多村大夫：

「我先生到底還能活多久？」

其實我根本就不願意問這個問題啊。

「這個……情形是因人而異的，所以並不能確定……」

如此沒有正面地回覆我；

「能否活到今年的年底，情形仍很微妙。」

……。交待我叫回太郎的理由，其實已經很清楚了。所以我應早些做好心理準備，必須讓丈夫能好好地活到最後。所有能做到的，我都要替他完成。如果持續以這種狀態，一天一天過去，那就太可惜了。到底誰是丈夫最想和他談話的對象？

今後不能讓他想吃什麼就吃什麼了，嚴格禁止給予任何食物。

十二月二日（星期四）〈晴惠　記〉

接到渡哲也先生的信件。他一面讀著，一面露出滿足的微笑。

在看過逸見先生勇敢的告白後，已經過了好幾個月了。正和疾病搏鬥中的您的樣子，只有依靠報紙、新聞媒體上才能獲知。但如此也就能推知，這其中的辛苦了。我深知對於現在的逸見先生來說，無論任何激勵的話，都沒有用了。但為了和你打個招呼，還是寫了這封信。

以我自身笨拙的經驗看來，一切還是自古以來就說的「時間之藥」最有效。生病時，還是依靠這最好。只能依恃這「時間之藥」來緩和痛若、遠離疼痛。所以雖然真的很痛，但請你一定要相信「時間」之用。

二年半之前，我本身的辛苦，確實就是由「時間」排解掉的。

我等待著再看見逸見先生您的笑容！一直期待，等那一天的到來！

努力奮鬥吧！

一九九三、十一、三十

渡　哲也

十二月八日（星期三）〈晴惠　記〉

一直以來，承受了Beat Takesi先生很大的鼓勵、照顧。我們並未有人陪伴在旁，只由他們兩人盡情談話。

他們談了四十分鐘以上。

丈夫的作風，原本都不告訴家中的人，而都先自行處理。但在現今的情況下，已不可能自己處理了。

由一直信賴著的Beat Takesi先生處，得到種種珍貴的建議。

十二月九日（星期四）〈晴惠　記〉

三浦知頁先生來訪。

丈夫曾擔任三浦知頁先生婚禮的主持人，那次結婚儀式的主持，也就是丈夫最後一次主持了。

十二月十日（星期五）〈晴惠　記〉

雖然化名為「小林一」，但全醫院上下早就知道其實就是「逸見政孝」。

在走廊上來回走動的人都悄悄說著「紅牌子、紅牌子」。

大夫說過這標記就是表示病患正接受注射鎮痛劑中。

〈愛、筆〉

十二月十五日（星期三）

爸爸和愛二人的美食之旅。

首先，從大阪家附近的烏龍麵店開始……

中餐——狐烏龍（油炸豆腐烏龍麵）

他人丼（牛肉、蛋）

晚上到神戶去，吃西餐呢？還是神戶牛排？

然後在神戶過一夜，而早餐呢？……

神戶區，要吃麵包呢？還是稀飯？

中午回大阪，吃章魚燒！

晚上就到神戶川，吃日本料理

但也想去京都一趟……

——愛

十二月十五日（星期三）〈晴惠　記〉

先生今天看起來好像很高興的樣子，和愛談著有關美食之旅的種種。

「哎，太好了，媽媽也一齊去好了。」

聽我這麼一說，二人竟異口同聲地說：

「媽媽不行啦，妳不喜歡吃肉，不能和我們一起神戶啊。」

「絕對不行嗎？」

「絕對不行的。只能我和愛兩個人去。」

丈夫是關西出身的，聽說關東和關西的牛肉迴然不同的。

最後階段

十二月十六日（星期日）〈晴惠　記〉

一下子發燒，一下子又退燒，情況非常不穩定。

今日又作了CT（斷層掃描），看起來很疲憊的樣子。肩膀不停地上下聳動著，像是很痛苦。可是，丈夫仍然忍耐著。替他擦擦臉、擦擦腳。

CT的結果出來了，不好的細胞又侵犯身體了。

〈愛、筆〉

十二月十七日（星期五）

我（愛）進入病房，爸爸把棉被整個拿開，像很痛苦的模樣，頷頷首。

我小聲地說「早安……」，爸爸因發高燒，全身冒著汗，又好像因不舒服的關係，用力喘著氣。然而身體縮成一團。

有沒有需要我幫忙的地方……我焦慮的詢問著，其實卻什麼也幫不上……。

當發作稍停下來時，就請大夫幫爸爸抽吸。

看著床上躺著的爸爸，突然感覺到好像變小了。

爸爸正望著的電視畫面上，有兩個演員正津津有味地享用著烏龍麵。

或許是一直沒辦法恢復舒服的緣故，爸爸關上電視，開始打盹了，然後就睡著了。

——希望他能睡得很好啊！

醒過來後，情緒還不錯，臉上有笑容了。

其實我在心中已向爸爸談了很多事情了。

偶而，爸爸還會說夢話，或許是自覺到說夢話的樣子，揚起眉，像說話一般地（你是不是聽到了？）瞇著眼看看我的表情，然後就又睡著了……

這可能是爸爸腦中考慮的事太多的關係吧……

——愛

十二月十八日（星期六）〈晴惠　記〉

丈夫突然問我說：

「你有叫人送黑輪來嗎？」

「沒有啊。」

我馬上回答他。

「那就不用了。」

好像意識已有稍微異常的樣子。

增加鎮痛劑的量，由二單位→三單位。

聽大夫說他血小板數量由三萬→二萬五〇〇〇，而且還會持續減少。

到了傍晚，突然聽到他大聲喊著：

「哈蜜瓜！」

我第一次聽到丈夫如此大聲地喊叫。

得到大夫的許可後，可以喝哈蜜瓜汁。

喝了之後，好像很滿足的模樣。

又被喜多村大夫傳喚了，說丈夫已是處於最後階段的人了。

「以後就只能儘量想辦法延長他的生命而已了。」

……

十二月十九日（星期日）〈晴惠　記〉

「蘋果！」

聽到他叫蘋果，所以就給他喝蘋果汁。

「馬鈴薯！」

最近經常要求要吃馬鈴薯片。

前天，趁著意識清晰時要求說「只讓我聞聞氣味也好」，所以就替不能吃馬鈴薯片的丈夫，打開袋子。而當我走到一樓去買馬鈴薯片的途中，想起了昨天的情形。

當我一買回來後，卻已經忘記要馬鈴薯片這回事了。

「鉛筆！」

「便條紙！」

不斷提出要求，這是自從結婚以來，第一次這樣，或許是過去一直都有控制著，現在就變得很任性了。

給他便條紙後，他反而罵著說：

「不是這一張啊！要三分～五分鐘前看到的那一種！」

趁著我沒看到的時候，就拿起馬鈴薯片來吃。

我趕快叫住他說：

「呸，呸……」

要他吐出來。

接下來又說：

「牙籤。」

就拿來剔剔牙縫。

「我想刷刷牙。」

然後就開始刷牙了。一個人很小心仔細地，花很多時間刷到牙膏都起了白色泡沫了。

丈夫已經不可能恢復健康了，心裡實在後悔，他為什麼不提早告訴我，有關他想做的事呢……。

自己測體溫。

三七・四度……。

手和腳都腫起來了。

裝上心臟整律器了，身上插的管子愈來愈多，可是自己還能拿尿壺。

十二月二十一日（星期二）〈晴惠　記〉

身體發抖了，可能是因為寒冷的關係。持續了三十分鐘以上，連嘴唇也都抖著。

「好冷、好冷喔。」

一連地叫著，給他多蓋幾床棉被，他還是叫冷。蓋了二床棉被，還是冷。於是放置電毯、和熱水袋在他腳邊。

發燒了，一直到四〇度以上。

作了冷枕讓他靠著。

晚上到了一〇點以後，和愛兩個人一起出去吃東西。從今天早上九點吃過東西以來，到現在一直還沒吃任何東西。

醫院附近的食品店都關門了，所以就走到青山去。

十一點過後，才回病房。看他睡得很好，就稍微放下心的回家。

〈太郎、筆〉

十二月二十二日（星期三）

這是我第一次拿起這本筆記簿記載。爸爸的情況仍然未好轉。

二十日回國後，看起來比上次Thanx Givin'時情況更不好。早上，院方打電話來說：

「趕快來！」

「身體不停發抖，情緒非常焦慮緊張。」

趕緊開車過去。

進入病房，已經設置了氧氣桶。

爸爸雖呼吸急促，肩膀上下聳動著，但意識仍清晰，和他說話，仍可以一句一句回答你。

手術後，總共回國三次。狀況最好的就是十月份，再來是十一月份時。

20：55分時，突然叫說：

「手册!!菅原！」

趕緊打電話給菅原，他接到就說：

「可能仍念念不忘工作的樣子。」

如今，十二月份是情況最不好的時候，但不管如何，無論在什麼時候看到他，都是努力地與疾病搏鬥著，完全不曾聽他抱怨過苦，只是默默地忍耐。　　——太郎

十二月二十四日（星期五）〈晴惠　記〉

意識，變模糊了。

呼吸愈來愈急促。

眼睛向上，翻白眼。

可是，竟還想自己挺起身來，意志仍非常堅強。

當愛替他更換睡衣時，完全順從著。他的意識看起來好像還蠻淸楚的樣子。

尤其是當氧氣管快從鼻子掉落時，還會伸出手到嘴邊，把管子扶住。

＊　＊　＊

丈夫向我們保證「我一定會活著回來！」

他一直保持堅強，忍耐這嚴酷的鬥病生活。

而我們也陪同他一齊走過這痛苦時期，

但丈夫還是從太郎和愛的眼前消逝了。

爸爸，你實在勞累了。

第二章

阿政，謝謝你

愛是爸爸的孩子

「爸爸，你看到了沒有?看，這是愛初次登台的造型啊!」當我看到穿上白色婚紗，腳穿芭蕾舞鞋的女兒愛出現在舞台上時，不禁興奮地向丈夫這樣說著。

愛，加油呀!你真漂亮，好想讓爸爸看看呀。穿然一陣哽咽，快流下淚來;要忍住啊，不可落淚了。

去年十月，鳥井雪來邀請愛參加新娘禮服展示會。愛想了一下就答應了。或許是參加這次演出對女兒而言，的確是不可多得的好機會，更何況婚紗一向是所有女性一心憧憬的世界，而婚紗展的舞台又是那樣的夢幻華麗。

對方要求說，因為女兒曾學過芭蕾，所以請她穿芭蕾舞鞋登台。另外，所有舞台上的舞蹈動作，女兒都可自由發揮。以如此優渥的條件邀請，提供機會讓曾學習過芭蕾的愛，有機會公開表演。

可是，乍聽之下我卻猶豫不決。因為丈夫才剛在東京女子醫院入院，才開始鬥病生活不到一個月；那，愛獨自一個人能夠勝任這麼重大的工作嗎？雖然我經常鼓勵愛，當面臨挑戰時一定要放膽去試試看，但這一次，我想讓愛自己去作抉擇好了。所以，我只是告訴她說，有人提出這樣的邀請。

可是，愛聽到後就毫不猶豫地回說，她樂意接受。

「愛，你不會有問題吧？」

「沒問題的。雖沒有十足的自信，但我想像這樣的好機會並不多。現在既然有這麼好的機會，我一定要接受。」

「愛，你和爸爸一模一樣呢！」

在旁邊聽著我們對話的太郎，以羨慕的眼光看著愛。

即使和最敬愛的爸爸別離非常傷痛，可是愛想盡快克服這樣的傷痛。所以自己一個人積極地準備著，而這情形看起來和丈夫一模一樣。雖然過去親子之間並不曾有過充足的時間對談，但沒想到在不知不覺中，卻完全繼承了丈夫的作風。

由於決定得非常突然，所以一直到登台的三天前，對於登台有幾分鐘，要放什麼曲子，都還沒決定好。

「糟糕了，如何準備呢？」

雖然顯露出稍微慌張的樣子，但在今年一月十九日展示表演時，還是依恃著她的膽識，成功地完成了演出。

（提供我們這麼好的機會，真是太感謝了。）

我在心中向和愛一齊登台的鳥井小姐這樣誠摯地道謝著。

現在仍還過七旬……。社會上也有類似這樣的質疑反對聲。但我相信丈夫對於女兒愛這麼努力奮鬥的情形，一定會感到十分欣慰的。

愛，是爸爸的孩子，我希望她無論如何，都能不畏艱辛、挫折、勇往直前！

第一次看到丈夫的真實一面

我在家裡電視上看到丈夫召開記者會坦白宣告的現場轉播，使我驚訝地覺得，這真的是我丈夫嗎？這樣的疑惑。我丈夫真的是這樣了不起的人嗎？當他述說願意以生命來與病魔進行五五波的搏鬥時，只是以淡淡的語氣說出那些並不是事先備稿的話，這真是我與他結婚二十三年來，第一次看到的情況。

丈夫以那麼坦誠的態度述說出他的心情。我現在回憶起來，發覺即使是我們當初剛認識時，他就不曾這樣過。他總是悲傷不說，快樂也不說，只都是維持淡淡的態度。

因此，當以這角度來看這畫面，就會感覺十分訝異，即使他仍是以冷靜的語氣說著，但卻將所有的隱私生活都公諸於世了，他為什麼必須要這麼做呢？

我想，這應該是他如果悄悄地自行入院，傳播媒體仍會知道消息而大幅報導，造成一片混亂。唯有透過這種形式發表，才能無愧於與丈夫同工作崗位，同行的朋友們，他的作風應該是一種負責任的態度。

「請務必活著回來！」

當丈夫聽到在場記者這樣的心跡表白後，持續凝視了一會兒，露出堅決的表情說「謝謝你」，然後就站起來離開了。

這好像是看一部電影的一個場面一樣。

當時，我深深的感到以擁有這樣了不起的丈夫為榮，同時，也切身感受到絕不能讓他死去。

「多希望這只是一場惡夢……」

女兒淚流滿面。確實，如果是夢的話……。

記者會結束後，丈夫打電話回來說：

「你有沒有看到剛才的記者會？」

「有，我幾乎不敢相信那麼了不起的人就是你，實在太精采了……」

播映之後會直接打電話回來問我的感想，像這樣的情況，已幾十年不曾有過了。雖感到悲傷，但更懷念那樣的感覺。

剛認識我不久時，丈夫仍未出現在電視畫面上，只是在電視上有他的聲音演出。而當他知道有播放他的聲音時，必定會立刻打電話回家。因此當這次的記者會結束後，一聽到電話聽筒內丈夫的聲音，不由得聯想到以前那段青春的歲月。

可是，當那個時候，已經沒有餘裕沈溺在過去的感傷中了。不管如何，我們全家人要一起與病搏鬥了！入院之後，會有什麼樣的情況在等待我們，實在不知道；所以坦白說，內心感到強烈地不安，但當看到丈夫以那麼冷靜的態度面對時，我即對自己暗暗起誓說，絕不能慌張！

我在腦海裡不停反覆地播放著，有關東京女子醫大主任大夫對於進行手術的種種說明，而做好第二天要住院的各種準備，避免有何遺漏。檢查好幾次後，就靜待丈夫回家了。

傍晚，想開始準備晚餐了。當一進入廚房，聽到電話又響起了。

大家看到電視後，我家的電話就響個不停，受到各方激勵的電話。而這通電話是田丸美壽打來的：

「我看到逸見先生的記者招待會了，看完後落淚不停，深深覺得自己太渺小了。」

田丸女士一邊如此述說著，一邊仍嗚咽著。她說丈夫「實在好了不起！」述說這真實的感想，誠摯地安慰我。

丈夫回家後，就先向他報告這個消息。丈夫聽到後，立刻回田丸女士電話。

田丸女士和我丈夫是從一九七八年開始一齊主持『Newsreports六、三十』（關東地方台）節目，她是女性節目主持人中的翹楚。同時丈夫對於在提高女性地位上有重大貢獻的田丸女士的活躍程度，相當的敬佩。

田丸女士所說對於記者會上丈夫所言感泣不止的話，我一直想告訴丈夫。

「哪裡，哪裡，不論如何我絕對要奮戰到底！」

丈夫在客廳打電話的聲音傳到廚房裡來。丈夫的態度仍如以往一般冷靜，但我卻覺得他好像是依靠著宣言，而努力激勵著自己的樣子。

那天晚上的菜單就是「炒麵」，雖然知道他胃口已變小（因食慾不好）；但因為入院後就不能再享受食物了，所以就詢問他想吃些什麼？

而愛，為了平日就喜愛泡澡的爸爸，更努力地清洗著澡缸。

兒子太郎因到美國留學了，所以當然沒辦法與我們團圓在一起。丈夫和我、女兒愛三人很少有機會一起用餐，「好好吃喔」三個人互相看看對方，感到氣氛很溫馨。以後或許就沒辦法了，切身感到時光流逝的無情！

彼此的默契——避談嚴肅的話題

入院當天，對手術仍繫有一縷希望的丈夫，仍保持與以前相同的冷靜，而且並未自覺到有任何特別的疼痛。而從這之後，一直到十一月發生腸閉塞的狀況，都不曾看過他痛苦的表情。

從旁觀看，覺得他的精神仍很鎮靜。自從他知道患了癌症以來，當夜晚躺在他身旁時，就忍不住推測他到底是什麼樣的心情。可是，我從未發現他像別人傳說的那樣半夜中突然醒過來，然後為了自己所患的病而無法成眠。雖然我可以隱約感到他有強烈的不安，但他實際上表現出來的仍只是淡淡的。在記者會等公開的場合，看起來好像被迫抑制自己激動的情緒，其實回家後，仍然保持一樣的態度。

實際上，應該難免會有無法成眠的不安心情，這是絕對自然的；但因為他絲毫沒表現出來，反讓人產生他是不是認為自己已經痊癒了的疑問。

從入院之後，因為要進行一連串的檢查，所以很早就禁食了，因此連一向深具耐性的丈夫也忍不住說了「討厭」這樣的話。

九月九日，進行濃縮試驗（Fishberg），前一天晚餐後就被禁食了。在當天，平常是早上六點起床的，就提早在五點起床採尿，隔一個小時，還要採第二次。

一般是午後一點才開始探病時間，但因丈夫住在個人病房，所以特別被允許從上午開始就可以去陪伴了。但丈夫說「早點來，也是沒用，下午再來就可以了。」因此，我和愛兩人通常都從下午一點陪伴到七點。

其間，有時要做好幾項的檢查，但若是在中午之前，丈夫就一個人拿著點滴，從六樓的病房走到一樓的X光室去。

「走下去的途中，會碰到很多人，他們都說『逸見，加油呀！』這樣的聲音提醒著我當天記者會所引起的熱烈迴響。」

一個星期內，電視上的Wide Show節目都是我丈夫的消息，而且每天報紙上也都有相關報導。丈夫除了作檢查的時間之外，都看著電視。冷靜地看著自己成為熱門的話題，若聽到有人提反對的意見時，他仍是以「也有人是這樣的看法」平靜地接受。

丈夫所屬的事務所提出要求，要丈夫發表對記者會引起熱烈迴響的感想，卻使丈夫覺得自己就像那『砧板上的魚』一樣。因為怕自己的行動會引起不必要的騷動，所以才下了對一切事實都坦誠以告的決定。

雖然說去鬥病，但事實上我和丈夫卻沒有特別採取什麼行動。只是配合做了好幾次的檢查，及準備耐力面對大手術而已。也因此，在病房中自然產生一種默契，特別避開有關疾病的話題。

不想氣氛變得太嚴肅，因此和女兒愛三個人只談些有趣的事。如當病好以後，一起去泡溫泉；或是當電視的旅遊節目介紹各地美食時，就決定以後一起去吃吃看……，類似這樣快樂的對談。

丈夫說「記錄，記錄！」要女兒一一記錄下來，等待日後一起成行。例如米澤的牛肉火鍋店或是京都點心鋪「笠置屋」等好幾個地方。

「我一定要去美食之旅！」

好像過去沒辦法去而感到非常遺憾的樣子。

三木製片所的常務董事每天都會來探病，這成為他每天最大的消遣。可能常務董事常可以提供他某人的近況和消息，使他聽起來感到很有興趣。正因為這是丈夫唯一與外界聯繫的情報來源，所以他都很熱衷地傾聽著。

在他健康的時候，我們一家人並沒有團聚的時間，兒子和女兒都在外國。但後來因丈夫生病了，女兒才回國來，終於有了親子一齊過生活的時間。但令人感到悲傷的是，卻已不能暢所欲言了，嚴肅的話題全部不談了。原則上，我們約定好，一切遵循著原有的生活步調，所以雖然女兒很想和丈夫商量未來的事，但還是不敢說出口。

女兒從丈夫還未住院前，就把學開車當成一種消遣，想拿到汽車的駕駛執照，現在丈夫就希望她能早日拿到。當聽到女兒愛報告說「今天又學到了什麼，什麼技術」時就顯得很高興。出院後，雖然不怎麼放心由女兒擔任駕駛，但讓丈夫兜兜風應該不錯。

對於來探病的人，雖然他需常常接受檢查非常忙碌，但還是儘量抽出時間來，如果超過了時間，就謝絕會客。一齊主持『Super-Time』的安藤優子、編輯部經理小櫃先生等工作上的伙伴也都有來探望他。

安藤小姐，在丈夫住院後不久來探病時，說了和田丸女士同樣的話，就是對於丈夫在記者會上所作的告白感動得淚流不止。之後，還來了好幾次，手術前也有來，而對於丈夫不變的冷靜態度感到非常驚訝。

我現在回憶起來，覺得丈夫之所以能一直保持冷靜，應該是想克服癌症的意志去支持著他。普通人或許會抱持「癌＝死」的悲觀想法，但我丈夫在心底卻堅決相信「只要能耐心奮鬥，就一定能克服！」

反被激勵的我

當面對九月十六日的手術時，丈夫仍保持不變的態度，只是一貫淡淡地應對著。我很緊張、不安，丈夫反而安慰我說「沒問題的」。

手術前，雖已從醫生那裡，聽說了有關手術的詳細說明。進行手術並不會瀕臨死亡，但一想到要把胃全部拿掉，就感覺非常不安、擔心……。

大夫在手術前已有畫了圖來說明預定要切除的部位，要裝置哪些側管。而對於竟要切除那麼多的器官，我實在感到驚訝，我想他本人也不免訝異吧！

前天禁食，看他好像感覺很痛苦的樣子。所以只好看看雜誌來忘記餓肚子的痛苦。

手術全部需要十三個小時，切除胃等內臟總共花了五個小時，但其後移植縫合的時間卻耗費了八個小時。原本是預定八個小時要結束，但一聽說已超過了時間，就愈來愈擔心。

終於等到負責說明的大夫來說「另一邊也必須很慎重的裝上側管，所以時間要比預定的時間多一倍以上」。有關手術後要縫合的事，我們早就知道了；但當一聽到大夫這麼說，更感到事態的嚴重。

結果，手術從上午十一點開始，一直到隔天的深夜凌晨才結束。

手術結束後，馬上送到加護病房裡，丈夫的樣子看起來像是插滿了管子，而他正熟睡著。因為麻醉的關係，到了隔天早上，他卻還繼續睡著，所以就只能看看他的臉。的確看到丈夫還活著的樣子，因而從心底鬆了一口氣。

隔天，等丈夫從麻醉藥中甦醒過來，才到醫院去，和女兒二人，帶著消毒口罩、帽子和無菌衣進入加護病房裡。看到丈夫醒過來了，我開口的第一句話就是「老公，你終於熬過來了」；聽到他回答「這次，好痛哦」。從來不說痛的他竟說了這句話，就表示這次的確很痛了。

不久後，就要求拿行動電話給他。

由於他是說到一定要做到的人，所以就馬上拿電話給他。打給日本電視台的導播說「我正在奮鬥中」，對方聽到後，驚訝地說「確實是逸見嗎？」

我擔心他會不會太過疲勞，但他本人卻一點兒也不受影響，還繼續打給他的雙親，請他們「別擔心了」。

在加護病房待了八天，這裡並不是個人病房，而是和其他的病患住在一起，大概有十二床左右。床和床之間，只有用藍色帷簾隔開而已。

也沒有窗戶，是無法分辨黑夜白天的陰暗房間。聽說就是因為房間如此，所以有些病患因而陷入精神性的狂亂。而如果不是大規模的手術，普通手術只要二、三天就可以回去普通病房了，但以丈夫的情況卻需要八天的時間。

「逸見，你很了不起哦，這麼堅強的精神毅力。」

大夫這麼稱讚著，這都是因為丈夫冷靜面對的緣故。即使是偉大的人物，也可能因精神方面比較脆弱，而拔掉身上的管子、瘋狂亂舞。可是丈夫完全忍受著這苦痛。

由於被許可陪伴，所以和女兒二人和過去一樣，一直在那房間中陪到晚上七點為止。其實即使陪在身旁，也不能幫他做什麼，充其量只是讓他漱漱口而已，但有陪伴著，精神上才能放心。

丈夫還是一直躺在床上，同時因為身上裝了很多的管子，所以想要翻身都不能夠。雖然情況如此，但他仍沒有訴苦埋怨，確實真有忍耐力。

後來才聽他說，晚上常聽到呻吟的聲音，所以有時就睡不著。八天之內，醫院裡進行了好幾個手術，也有送入加護病房的。多半的人只要二、三天就可以出來了，只有他被關在這裡一個星期以上，照理說心情應該很難過的。但他大概是依恃著必須克服痛苦的想法支撐著吧。

過去，即使是大夫交待說，只要覺得痛，馬上就要說，可是幾乎都沒聽他說過。這次，他卻要求要打鎮痛劑。

不久就能回家囉

九月二十四日，終於回原來的病房了。手術的經過非常順利。

「為增加體力，要儘量走路」大夫這麼交待著。而丈夫之所以能立刻恢復體力，就是靠點滴架，積極地在醫院裡步行的結果。

手術後，剛站起來時，的確是搖搖晃晃，站都站不穩，甚至連站個二、三秒鐘，都覺得困難。

可是憑著堅強的意志力，努力練習了好幾次，意想不到的，很快的他竟然可以慢慢步行了。而且不久之後，竟可以快步走，簡直無法想像這是經過那樣大程度手術的人。

「爸爸，你走好快哦！」

女兒對於丈夫走路的速度，驚訝極了。由於他擔任的工作是報導的職務，只要一有事情發生，就必須馬上飛奔過去取材，所以從平常就必需具備快速的條件。但這個時候，反而對「你稍等一下」如此快速的步行，一面感到安心，一面卻又擔心。因為若是超過體力負荷的話，反而會消耗體力的。

既然要增加體力，食物方面當然要有原則。但丈夫並不喜歡醫院提供的食物，所以要求家裡做好送過去。請問大夫是否可以，「只要消化沒問題的話，可以聽從他的願望」所以每天的午餐都是我親自做了拿過去的。前一天聽他要吃些什麼，隔天中午再送過去。因此除了在病房陪伴他之外，每天也為作菜，忙得不可開交。

因為剛做完手術，所以主食就是粥飯，而配菜就是鰈魚、芋頭、高麗菜捲等儘量柔軟的東西，不然胃已全部切除了，是很難消化吸收的。

突然說要吃松茸，聽他這麼說我才想到原來又到了松茸出產的季節了。因為擔心，所以詢問能否吃這種食物呢?所回覆的是已可吃普通食物了,丈夫非常高興,食慾倍增,滿心喜悅的樣子。

可是當晚,丈夫卻想吐了。

「太太,松茸要切細細的才能吃喔。」

這是因為松茸不好消化的緣故。當時,我確實非常擔心,幸好,此後丈夫並沒有特別惡化的情況產生,所以我才鬆了一口氣。

除此之外,尚有其他食物方面的問題困擾大夫,就是吃章魚燒的事情。「老公,沒問題嗎?章魚不會太難消化嗎?」他回答說「我又不吃章魚,只是懷念調味湯汁,所以稍微品嘗一下就好了。」於是就託三木常務董事買了過來。

大夫聽說後,相當驚訝地說:

「嗯,你連章魚都吃了,你肚子容量相當大哦。」

到了十月底,大夫准許回家過二、三天。這是因為要準備打抗癌劑,為正式鬥病生活的開始,先過幾天輕鬆的日子,這是醫院特別溫馨的關懷設想。

連章魚燒的章魚都吃下去了,也沒有發生什麽狀況,一切都很順利,所以應能逐漸地好轉才對。但十月二十二日，突然發生腸閉塞的情況。

原本期待不久後就能回家了，但意想不到的，卻突然陷入了完全相反的狀況。當時心裡的衝擊是無可形容的。

從那之後，就完全只能依靠點滴來補給每天的營養，完全沒辦法吃了。對於原本那麼愛好美食的他，要過如此殘酷的生活，一直到生命的終點，大概持續了一個月以上的時間。

和愛因為長時間的陪伴，中間難免會肚子餓，而這個時候就到附設的小廚房內，背向丈夫，悄悄地進食。

可是，就在丈夫去世前三天，本以為他已睡著了，就沒有背向他吃了三明治，這時，其實還未睡著的丈夫突然開口說「讓我看一下」，交給他後，他仔細看看說：「好好吃哦。」這句話使我非常難過。

有一天，他說「讓我聞聞看」在這種情況下，只好以「等到你腸子恢復後，就送來好吃的東西」來安慰他，否則實在別無他法了。

其實，當時他已非常衰弱了，體重降到只剩五〇公斤左右，幾乎說不出話的狀態了。

但是，這當中仍完全看不到他感到痛苦的樣子。聽大夫說會有想吐的感覺和疲憊感，但到底有沒有這種痛苦呢？因為他從不說，也不表現出來。

丈夫從一開始就下定決心，絕不顯露出柔弱屈服的姿態，因為他一向都是說到做到的人，即使到最末期，他仍貫徹這個原則。

這個時期，我也下定決心，即使這麼苦，每天還是要努力克服，繼續忍耐下去。

不管如何，最能激勵他就是回去工作的話題，所以我一直反覆告訴他說，在回去工作之前「先帶爸爸媽媽去溫泉區走走，等慢慢恢復體力之後，再開始工作」。

若是在他仍健康的時期，他是那種會說「先做完工作再說」的人，但現在卻直接「嗯、嗯」地順從著，看到他轉變得這麼乖順時，心裡實有說不出的難過。

一九六八年，夏

一九六八年，夏天快要結束的時候，我們一家人一起到鎌倉的材木座海邊的海水浴場渡假。當時，我二十一歲，還是文化服裝學院的學生。

媽媽、弟弟、妹妹及舅舅、舅媽和他們的二個孩子，大家一起出發。

由於很少出遠門，所以一路上都感到非常興奮。雖說到了一定的年齡後，朋友會比家人還重要的樣子，但我們的家人卻都很和睦，因為舅舅很尊敬媽媽，所以兩家經常一起外出遊玩。

剛過中午後不久，媽媽和舅舅就嚷著要回去了，只剩下想把握住殘夏尾巴的我和妹妹二人，在沙灘盡情曬太陽、享受游泳的樂趣，直到傍晚。

一直到夕陽快下山了，才決心想回家。

正當我們準備收起海灘傘時，就聽到有人說：

「讓我來幫忙你們吧！」

一看，原來是一陌生男子來和我們搭訕。雖然感到很吃驚，但看他似乎並不是有什麼不良企圖的樣子，既然那麼有誠意的話，不妨請他幫個忙吧！回旅館的路，也好像跟他是同一方向。

「這，就是我！」

陌生男子在回家途中，拿出他的名片。

「逸見　政孝　富士電視台播報員。」

當我們一看到之後，妹妹隱忍不住背地就笑出來了。其實，我也很想笑，只是拼命忍住了。

最後，這位男子幫我們把海灘傘搬到我們晚上住宿的旅館裡，所以就和媽媽及舅舅也見了面。而當他要和我們說再見時，還順便問了家裡的住址及電話。

「喔，那個人絕對有企圖。」

「這張名片也很可疑，說不定當我們拿這張名片照地址去找他時，還會得到回覆：「沒這個人喔！」

「可是，他看起來還像個規矩人啦！」

「但為什麼會隨便向女孩子搭訕呢？」

「可能只是一時覺得無聊吧！」

當夜，我們家裡的話題都圍繞在男子身上打轉。

不久，就接到了他打來的電話：

「我是逸見，就是前些日子在鎌倉與你們認識的那個人。」

然後，邀請我們去他工作地點玩玩，我實在感到困擾，但妹妹卻說：

「好，我去偵察看看好了，如果確定他不是可疑的人，姊姊才跟他交往，反正你現在也沒有要好的男朋友。」

好奇心如此旺盛的妹妹，就約好下星期的星期六去富士電視台看看。

「有耶，真的有那個人喔，看起來整體蠻好的，還請我到地下一樓去吃冰淇淋耶。」

「討厭，你怎麼那樣容易就被冰淇淋賄賂了。」

雖然對妹妹這種現實的態度頗感不以為然，但說實在的，由於周遭身旁的親朋好友都沒有從事這種職業的人，所以也感到非常有興趣呢！

「中年男人」這樣的稱呼實在是對不起我的丈夫，因為當時，我先生只不過二十五歲左右，才大我四歲而已。現在想起來，他其實還很年輕，可是對當時還是學生的我，因從沒和社會上的男性交往過，所以感覺上他已年紀蠻大了。

第一次約會時，我們是一起去餐廳吃飯。而對於還依賴父母拿零用錢的我來說，那餐廳實在夠豪華氣派了。用餐結束後，到了付帳的時刻，心底覺得忐忑不安，不知道自己身上所帶的錢到底夠不夠？

正暗自祈禱時，就聽到他說「好，你先出去吧！」然後他獨自把帳付清了。我開口問他「多少呢？」我想把自己應付的帳給他；他卻笑著說：「我是男人，不應該讓你付帳的。」所以就不接受。過去，當我和同一輩的友人一起去吃飯時，無論同性或異性的，我們都採取各付各的方式，當時，才第一次享受到被男性請客的愉快。

（原來如此，我的擔心是多餘的了，這就是成人的世界啊！）

以同年紀的男性與女性來說，通常是女性比較早熟。而以往多半都是當老大姊的我，那時也初次感到了被保護的溫馨。

以他的個性來說，在我們約會時，他習慣由他預先安排好一切的行程。例如當他一人所喜歡的波爾瑪麗亞樂團來到日本表演時，他連問都不問我喜不喜歡，就直接帶我去觀賞了；

又如當他看到一本不錯的書，就會買來說「你也要讀讀看才對」。諸如此類大男人主義的標準作風，不勝枚舉。可是我卻也被他這樣強勢的作風所吸引住了。

下面就介紹身為大男人主義的他，有趣的一面。

有一段時間，他常作有關運動方面的轉播工作。有一次預備轉播棒球實況，攝影機還在三壘位置待機時，他卻因踏錯了腳，從外野區的樓梯上滾了下來，摔成嚴重的骨折，不得不打上石膏。可是他不但不好好休養，竟然說都沒說就跑到我家。

當時，我家是開香煙店的。當聽到店裡的電話鈴聲後，就跑出去接，結果就是他。

「你走到窗邊看看啊！」

聽他這麼說，我一頭霧水，就探頭出去看看；結果就看到他正站在麵包店前的公共電話亭裡拿著聽筒對我望著。那時他還架著拐杖呢！

我趕忙跑過去，但還是沒辦法把他趕走，迫使我這從不帶朋友回家的人，也只好招待他到家裡坐坐了。當家裡的人看到他時，雖多少感到驚訝，但因前些日子也才看過他，又知道這些日子我正跟他來往著，就沒有特別的擔心。

媽媽不知道什麼原因，一直不很喜歡說話帶有關西腔的人。而他是大阪出身的，幸好因為播報員的關係，曾特別接受過這方面的正音訓練，才避免了這樣的尷尬。

但他可真是厚臉皮了，當天晚上竟還留在我家吃飯，邊吃還邊拍我媽媽的馬屁：「伯母，你做的醃菜好好吃哦！」怎麼這樣會奉承人呀！

天天到我家報到

從那以後，他幾乎每天下班後，就直接從新宿區河田町的富士電視台，到世田谷區奧澤的我家報到，不曾無故缺席，也不辭辛勞。

因為他沒有喝酒的習慣，所以每次吃完飯，就一面泡茶，一面聊天。

可能是留戀我家溫馨的氣氛，所以每每都到深夜才告辭。如果我媽媽客氣跟他說「今晚乾脆就住在我家吧」一聽到這樣，他就會毫不考慮地說「那我就住下了囉」。因此，他也常常從我家去電視台上班。

更奇妙的是他竟在短短的時間內就和我舅舅、舅媽熟絡了，所以經常到舅舅經營的三溫暖去泡澡。這對於喜好泡澡的他來說，寬寬大大的浴槽，高高的天花板，然後全身沈浸在熱水裡盡情舒展，真是舒暢極了。現在，我們家浴缸設計得特別寬敞，大概就是因他懷念以往那段時光吧！

我想他之所以常跑我家的原因，或許跟我家的氣氛和他故鄉大阪町的市容相似有關。他家裡附近是像大雜院般的住宅，所以鄰居彼此間都很親密地來往著，他們都親切地叫他「阿政、阿政」，也都很疼惜他。其實，我家的環境和這情況非常相似，當我們走在澡堂來回的途中，都會和鄰居們親切地打招呼。

他馬上就溶入我家附近的環境，那種熟悉的程度，使我常會懷疑到底他是何時和他們認識的呢？怎麼會和附近的人這麼要好呢？

「我特別會被老年人關愛呢！」

就如他所說的，他比我還受周圍鄰居長輩們的信賴。

我家的家計一向都是由媽媽一肩挑起，所以對於身為長女的我，就產生了一種儘早嫁人的默契。

至於我爸爸的個性正好和他相反，是那種舉止非常瀟灑，喜歡戴頂帽子，身穿一流品牌，在銀座闊步走路的人。爸爸若不是在畫圖，就是熱衷於寫書法，偶爾也喜歡吟吟詩，多才多藝實在不輸文人雅士。他秉持的原則就是「今朝有酒今朝醉」，所以從不吝惜金錢，大筆揮霍。但是，也就是因爸爸這樣的作風，所以家計自然就落在家母身上了。

但是，我先生的性格完全迥異。不但不講究穿著，也不愛揮霍，是腳踏實地、節儉成性的人。而我心裡認為，像這樣的性格，才是比較適合結婚的對象。媽媽也是這樣的想法。

但是，奇怪的是，為何命運就是如此湊巧？像這樣兩個性格上完全相反的人，竟會患上同樣的病，而且都在正當盛年，就離開這世界了。

此外，他雖然非常受到長輩們的疼愛，但家裡的弟弟妹妹對他都有不同的評價。

他是那種一切都依賴電話聯絡的人，所以也常常從電視台打電話給我：

「○時○分，你就可以聽到我的聲音哦。」

這個時候，不論家裡有誰正在看電視，我立刻就轉到那個頻道等待著。

「以上這個節目，是由○○社提供，一切到此結束。」

我從電視上聽到的聲音就是如此而已，一下子就沒了，可是他一定還會再打電話來說：

「有沒有聽到？我的聲音可以嗎？」

其實他這樣問我也沒什麼意思，因為從頭到尾只不過出現幾秒鐘，怎麼可能會產生什麼感想呢？

「不錯啦，聲音蠻好的。」

我只好這樣違心回答他。當時，他還不曾有機會出現在電視畫面上，所以當聽到我這樣說，他就感到非常滿足了。因此下次要播送前，他一定馬上又會通知我。

就是因為如此，家裡的弟弟妹妹都感到非常困擾。所以他雖被媽媽和舅舅極力讚賞，但對弟妹們來說，他就好像是敵人一樣。於是我和他結婚時，如今是「逸見事務所」職員的弟弟，就埋怨說「就是他把姊姊拐跑了」。對他的恨意由此可見一斑呢。

迥異的婚姻憧憬

我和他認識不久後，最感到意外的就是他竟是早稻田大學畢業的。

不知是什麼原因，從小時候開始，我就憧憬著上早稻田大學，一直想考上這個學校。於是並沒特定要唸哪一系的我，只基於喜歡看書的理由，就報考了國文系。

最後，還是落榜了。而且其他的大學，也都沒考上。而原本為了考試而努力唸書的我，卻因高三時突然遭遇父親逝世，所以既身為長女，就不能再重考了。而由於媽媽本身是文化服裝學院畢業的，所以在她勸告之下，我就報考了這個學院的師範科。

媽媽並不需要作紙模，就可以直接裁剪布料，技術是非常高明的。但我因為洋裁技術不好，所以只打算當教洋裁的老師，但也沒有抱著非那樣不可的決心。只是因為家裡還有弟弟妹妹，因此還是想儘早結婚，減輕媽媽的負擔才好。

然而對理想結婚對象的要求，就因為自己無法如願考上早稻田大學，所以就希望他是早稻田畢業的。或許現在因時代轉變了，情況可能也有不同了。但當時，早稻田的學生就是「粗獷」的象徵，與瀟灑的慶應生正好相反，而我個人正就是欣賞這樸拙無華的早稻田校風。

雖然我不曾說出來，但當我一聽到他是早稻田畢業的，心裡實在好驚訝。可是他實在和我抱持的早稻田印象不同，不過我仍對他另眼相看。

另一項我所希望理想結婚對象的條件就是當外交官。其實，這也不是有什麼特別的理由，只不過是唸初中時，坐在我隔壁的同學，就是外交官的女兒。而在上英語課時，她因英語流利，常被老師指名叫到，非常出風頭。此外，她因在國外生活過，所以舉止打扮都很時髦，令人羨慕。

因此，我常想若是日後能和外交官結婚的話，我的小孩被老師點到時，就可以像這位同學一樣對答流利，非常的神氣了。

從一開始我就知道丈夫的職業是播報員，但心裡想這種行業雖和外交官不同，但都屬於較特殊的職業，所以還是給他及格了。

坦白說，當時雖然有盡快結婚的想法，但並沒有那麼迫切，只不過是一種最好如此這樣的想法罷了。現在回想起來，不禁苦笑不已。

另一方面，和我一樣，丈夫也有他自己理想的結婚對象：

一、要很會烹飪

二、文字要流暢

三、要守時

四、不會多管閒事

五、思慮要周密

六、要有經濟觀念

七、若走在一起，不會感到丟臉的

大概應有十條左右，但實在太多了，所以有些就忘掉了。而我到底符不符合那些條件呢？實在不得而知。但最後還是和丈夫結婚了。

你的責任就是看顧家庭

當人在描繪他理想的家庭時，大概都會以他自己生長的環境作為基準；如果他的回憶多屬甜美的話，可能就會要求相同的環境，但若是回憶屬於較為苦澀的話，就會希望建造一個完全不同的家庭。而我丈夫的情形，就是屬於前者。所以他要求當妻子就應該待在家裡看顧家庭，也是導因於他成長的家庭。

聽丈夫說婆婆是一位很勤勞的女性，她努力的程度使丈夫常會懷疑她到底有沒有睡覺。雖說公公是上班族，每月都有固定的收入，其實經濟上並沒有特別的困難。但婆婆卻是那種不勤奮工作就會渾身不自在的個性。

「我媽媽的手實在太乾燥了，不僅皸裂了，而且穿襪子時，還會劃破襪子上的線。」在我們剛開始交往的時候，丈夫常會提到他媽媽的手，但並不是以同情的口吻，而是基於由衷讚賞「女人真了不起」的心態。

由於婆婆生的兩個兒子都非常好動，常常把衣服弄得髒兮兮的，但她也不會因此罵他們。而當時並沒有洗衣機，所以只好依靠手洗，即使是冬天那麼冷的天氣，還是照洗不誤。這也就難怪他會依母親的形象衡量理想妻子了。

同時，他認為只要是小孩子就會希望媽媽能待在家裡陪伴他們，所以就更促使他立下妻子就應留在家中看顧的決定。

我想他應是遺傳了他媽媽凡事講究原則，條理分明的性格。於是結婚後與他真正一起生活，對他凡事一絲不苟的生活態度，實在感到驚訝。

舉例來說，當他接到人家寄來的信函，為了怕拖延太久，所以一定立刻回信。若是接到人家送的禮物，即使正忙碌著，但為了不失禮，還是會馬上打電話回謝人家。至於他工作上的資料，一定會整理得井然有序，按件歸檔，使檔案一目了解。就連看的書籍，也不會隨意亂放，順手一丟。

如果我打掃整理房間時，稍稍把東西移動了，沒有擺回原位的話，問題就大了。他就會不斷地叮嚀、提醒，要我以後絕對不可隨便亂擺，應按照他原先擺的方式。

因此，結婚不久後，我不禁由衷佩服「他實在不愧為播報員，所有工作上需要的資訊，都整理得井然有序」。

傳了婆婆的個性。

但一段時間我才發現，其實並不是因工作上的需要，他之所以會有這樣的性格，就是遺

七十八歲的婆婆，一直到現在仍維持著寫家計簿的習慣，只要是每天的收支情況，都會一一加以詳列。有一次我替她去買東西，因我無法把東西的價格一一記住，所以就只報告了大略的數字。

「晴惠，數字不對喔，你應該連尾數都要記清楚才對啊！」

「婆婆，你都有寫家計簿啊？」

當她聽到我這樣問，以很訝異的語氣回答說：

「這是當然的呀！」

而對我沒弄清楚東西的價格感到驚訝。

聽說婆婆整理衣櫃中衣服的程度，可達到只要有人動過，她馬上就能察覺。而她錢包裡鈔票也同樣整理得好好的。紙鈔一定是嶄新的，而且一定以同一面上下對齊摺好擺齊。

而裝在套盒中的套書若是有放顛倒的，一定會全部拿出來重新按號碼順序，由左端開始排起。

所以我覺得丈夫之所以如此講究規矩，一定是遺傳了婆婆絲毫不苟的性格。

之後我整理紙鈔的態度也受到婆婆的影響，現在只要去銀行領錢還不用開口，行員就主動問說：「新鈔嗎？」然後就備好新鈔給我了。雖然在其他的方面我沒辦法像婆婆一樣有條理，只有服輸的份，但至少在整理錢包方面，我可以做到和婆婆相同的程度。

「我負責在外打拚，你就好好在家裡守著。」

家庭主婦這樣的職業就是為了讓家人過充實的家庭生活，所以是非常重要的事業，需要專心一致地做好。而只要能把這份內的事做好，其他想去做什麼都沒有關係。這就是結婚當初，我丈夫所提出的條件。

如以時下的新女性而言，這樣的條件可能會遭到多數人的抗議。但是我卻完全不介意，欣然的接受了。

不過，我也並非柔順的傳統女性，老實說我的性格乃是非分明，不唯唯諾諾，所以只要是不能做到的，從一開始就會斷然拒絕，但反過來說，只要是能做到的範圍，不論如何一定會盡最大的努力，以達成丈夫的希望。

例如，若丈夫要很早出門，不論多早，我一定會比他早一個小時起床準備早餐。如是要帶便當的日子，我也一定會事先準備好。因為丈夫並不是普通的上班族，偶而需要非常早就出門，而我只要在前一天晚上聽他這樣說了，就會自動調整鬧鐘，起床準備好，一點也不覺得辛苦。

此外，他回家的時間也不固定，如果晚歸了，一定會先打電話回家說「現在下班了」。這時，我就開始料理預先準備好的菜料，另一方面也放好洗澡水。

其他的就是打掃、洗濯等一般家庭主婦的工作了。

當然我在白天有充分的時間，以能在傍晚前趕回家的前提下，盡情去學習各種才藝。如去田村魚菜女士的料理教室，學習烤麵包和製作蛋糕；然後還去好家庭協會、世田谷區的網球教室，及為了考取駕照而到汽車駕駛訓練班等……。

之後孩子上了小學，我就和他們一齊去學畫畫，和媽媽芭蕾等。一面陪伴孩子，一面也發展自己的興趣。

當時，我也一度很想到公司去上班。

因為那時丈夫雖仍默默無名，而那種熱愛工作的奮戰精神著實感染了我，使我非常羨慕。於是就開始在報紙的求職欄找工作。後來就去應徵科學技術資訊中心的服務人員，主要是因為它要求的工作時間是早上十點～下午三點，並不會影響到我的家庭生活，結果就被採用了。丈夫知道了之後，雖然不怎麼同意，但因為他說過空閒的時間我可隨意支配，所以就不能反對，默然以對了。

可是，有一天，我因開會的關係回家晚了，一回家就發現丈夫已到家了，卻還沒飯吃，所以就引起了嚴重的衝突。丈夫竟立刻翻了桌子，這使得原本心裡有愧的我也不想忍耐了，開了大門就走了。

之後好幾天，我們兩人就陷入冷戰，生氣不說話，可是媽媽對我說：

「你們並不是有經濟上的困難，為什麼要出去工作呢？」

結果，我只做了三個月，就把工作辭掉了。

「只要你能賺比我多的錢，那就去工作，否則，就得放棄。」

他再次叮嚀我，從那次以後，我就專注於做好家庭主婦的工作，連續二十三年不變。

而在丈夫再度成為自由業後，設立了「逸見事務所」。他就要求我說「我這一生只要當職員就好了」，因此在方便上，我就擔任社長的職位，可是其實在經營方面一切都是由製作部門全權負責，我所做的就是發員工的薪水、付款給文具公司、服飾公司及跑銀行之類的工作，不過都是些家庭主婦可應付的性質而已。

最近聽到太郎說的一句話，卻使我感到煩惱。

「雖然像媽媽這樣能一直堅守家庭崗位的女性愈來愈少了，但我還是希望能和媽媽這樣的女性結婚。」

從美國回來的太郎，竟然還有這種想法，我反對他說：

「你不要這樣要求可不可以？要是這樣堅持的話，恐怕會沒人願意嫁你了。」

一直以來，我為了順應注重家庭生活的丈夫，我非常地努力著，而現在丈夫已先我而去了，頓失精神寄託的我，對於以往我所做的一切，應是問心無愧的。

我們夫妻的性格正好相反

雖然他是大男人主義，但對一些枝微細節是不過問的。誇張點說，只要把飲食方面和洗澡的工作準備好，他就不會有任何埋怨了。

偶而會因經常外出，而沒時間用抹布一一擦拭打掃屋內，他就會用手指摸摸櫃子，然後說「有灰塵哦……」我立刻回嘴說「灰塵又不會害死人」他就閉上嘴，不再嘮叨了。

只有一件事，他非常堅持，那就是要記得幫他錄電視長片。丈夫非常喜歡看電視長片，所以他交待只要有播放長片的日子，一定要幫他錄下來，等他回家再好好欣賞。

可是，我記性不好，常常忘記。而且雖說丈夫是從事有關電視方面的工作，但其實我都不太關心電視，平常我比較會看的就是烹飪、談話性或新聞節目而已，對於長片等幾乎都不看。雖然他交待我要記得錄下來，可是我卻可能心裡嘀咕有什麼好看所影響，而容易忘記。

「為什麼都不顧慮我的需要？」

表情非常憤怒的丈夫，大聲說出他的不滿；但其實我並不是故意的，只是沒辦法。

「我絕對會忘記的，所以你乾脆寫大一點提醒我好了。」

因此當要錄影時，就要他寫在紙上「ＰＭ○時，錄影」然後放在桌上提醒我。但，只要忙起來，我又會忘了這件事，因此，丈夫總是非常失望。

與重視電視的丈夫比起來，不關心電視的我，實在和他差距很大。偶而跟他一起觀賞日本電視台的「ＳＨＯＷ　ＢＹ　買賣!!」晚上都因太疲憊了，而開始打盹。所以當他問我有什麼感想時，我的記憶實在很模糊，於是就被他責難說「你都沒有仔細看，問你也沒用！」就放棄再問我了。

仔細想想，我們夫婦的個性正好相反，而是一個很有趣的組合。丈夫就如同他自己說的，是一個認真，有原則又頑固的人，而相對的，我是馬馬虎虎、不拘小節的人。不管別人對我交待什麼，我一律回說「喔，對呀，好，我就這樣好了。」然後就樂意地接受了。但當沒把事情辦好而被罵「你這樣不行喔」，我也只是回答「喔，真對不起」卻一點也不介意。於是丈夫對我這樣的作風，感到非常無奈，但是，或許他也認為夫妻本來就應如此互補吧。

就如我燒洗澡水，就一直沒辦法控制好水的溫度。「你實在太笨了，水都已經燒開了，怎麼泡浴?!」或說「太冷了，用這樣的水泡浴會感冒的啊？」這是當我們還住在雪谷區的田園調布時我經常被叱罵的原因。

最後，丈夫沒辦法了，只好自己去開開關，測好時間後，再自己去關。於是他就學會了夏天要幾十分，冬天要幾十分才適溫，為此還非常自豪。

就像這樣，只要他覺得我無可救藥，他就會自己去做。如果他要求我事事都得完美地達成他的要求，我實在無法陪他生活了，幸好他並不會強迫我，所以我才能輕鬆地過日子。

在現代風潮下，有些相當傳統的大男人主義者，常會因芝麻蒜皮的事爭吵不休，但他只有在他認為他對的時候會非常堅持。所以有時我們也曾繞著圓桌吵嘴打架，那麼激烈的情況產生。可是我並不想道歉，因為我認為我絕對沒錯。為了和解，如果沒有我一句「對不起」，卻又絕對行不通的。

最激烈的一次爭吵，就是發生在要搬家的大前天。當天他打算去打高爾夫，我知道後就生氣地說：「這怎麼可以呢!!」然後他就踢洗衣機來發洩怒氣，結果弄得整個地板都是水，但他不僅不道歉，也不改變初衷，仍跑去打高爾夫。

此後二個星期，我不但不道歉，也不和他說話。因為實在是太憤怒了。最後我忘了到底是誰先道歉的，但絕不可能是丈夫，應該還是我吧?!

只要道歉，他馬上就會息怒，實在是蠻單純的人。雖知每次吵架一定都是由我道歉才能完結了事，但卻一直反覆上演這樣的戲碼，這可能就是自我的性格吧。

喜歡「媽媽的味道」

本來丈夫就是愛好美食的人，同時他也非常喜歡關西的口味，所以在結婚當初，我就已有必需放棄過去口味的體認了。

他非常執著於所謂「媽媽的味道」，不過我完全不會介意他這樣的堅持。因為以往我都只是幫媽媽的助手而已，並沒有所謂屬於自己的味道，也就不會執著於這樣的味道。也因此對於丈夫的偏好，很快的就能接納。

同時，我自己也很喜歡關西風味的烏龍麵，於是就想利用機會試著自己烹調看看。因此以「媽媽的味道」為基礎學習，完全不用自創，反而容易學會。

而我丈夫下達的第一道要求，不是味噌湯而是清湯，我也馬上挑戰看看，沒想到卻意外的困難。

使用海帶和柴魚片熬湯後，就以我媽媽的方式再倒一些醬油，如此湯的味道就不會太淡；但卻因為我並不習慣使用鹽口醬油，雖只倒了一點點，也嫌太鹹了，實在很難控制。最後只好以關西風味折衷妥協了。

雖然他好惡分明，幸好並非追求完美的人，只要我盡力去做，他都可以接受。

大體上來說，他雖喜愛日本食物，但卻偏食。只要他嫌棄的食物，不管嘗試任何方式烹調，他都不會接受，只是說「我不太喜歡吃這種哦」，然後就用筷子把那食物挪到一邊去。

我因顧慮營養均衡的關係，就勸他「菠菜要吃喔」，試著改變烹飪的方式讓他更美味可口，但他還是說「今天，我已吃不下了」而拒絕食用。也曾嘗試過混合在他喜好的食物中烹調，沒想到他還說「這種，我只能吃一個喔」，剩下的不論怎麼強迫他，都不吃了。

可是，我想讓孩子多習慣吃各種食物，而不要偏食，結果，就變成要煮二種料理。丈夫和孩子們的菜單各不相同。至於吃飯的時間，丈夫和孩子們也不同。傍晚，先準備第一次的料理；等到丈夫說要回來的電話後，再準備第二次的料理。雖然並不討厭做家事，但每天晚上為了烹飪料理及事後的收拾整理，實在忙得不可開交。

既然我需那麼專心一致做料理，那為什麼不硬著心腸讓他習慣吃均衡的食物呢？我實在後悔啊！

丈夫在面臨自己弟弟英年早逝時，曾警惕到自己和弟弟都有偏食的壞習慣，所以也就盡量想要去改變。但我實在後悔，為何不盡力讓他吃那些他雖不喜歡吃卻必需要吃的食物呢？不喜歡吃還是必須吃啊！

以前當丈夫住在別家醫院時，一直到二月出院之前，因為認為有抗癌的效果，所以就聽我的勸告，喝蔬菜做成的飲料。那些蔬菜是由有機栽培方式種成的，包括蘿蔔、牛蒡、人參、香菇，及蘿蔔的葉子所混合成的特殊綜合蔬菜汁。按每日三餐的方式飲用，一次喝二〇〇

mℓ。他把這蔬菜汁裝在熱水瓶中，每天都帶到公司去。

一直到八月為止，每天都持續著。蔬菜汁因為加入牛蒡，多少有些澀味，不怎麼可口，如果是以前，他一定會嫌不好喝而拒絕。但是，在知道患了癌症之後，他好像深切反省以往自己偏食的壞習慣，默默地喝著，一心一意只想趕緊阻止癌的增殖。

這種綜合蔬菜汁，是秋田縣「白樺農園」所生產的，以瓶裝銷售。聽說在東京女子醫大住院的渡邊美智雄，一直到現在也持續飲用這蔬菜汁。

我感到非常惋惜，若是能早點知道這蔬菜汁有多好，就不致因為丈夫喝的太晚，而引以爲憾了啊！

我的夢想和丈夫的意願

雖然被迫提早就和早稻田畢業，而並非自己憧憬的外交官的丈夫結婚，但我並不曾感到後悔。隨著歲月的飛逝，以往的丈夫會爲了生活的壓力而鎮日奔波不停，但如今經濟已寬裕許多了，他卻還是沒辦法優閒享受，每天仍舊忙著工作、工作，不停的忙碌。

而我本身例常的生活，就是利用早上送他出門後，一直到他用電話通知將回家，急忙放下手邊事趕回做飯的這段時間，盡情去發展自己的興趣，所以，這可說是屬於我個人的自由時間。除此之外，實在也沒仔細想過到底我這樣的生活有沒有意義。而當有一次我正進行我最喜歡的繪畫課程時，突然想起「就是因為和這樣的丈夫結婚，我才有這樣的餘裕做我自己喜歡的事」，於是第一次有沈醉幸福的真實感。

我遵循丈夫的希望，照著丈夫安排的職務分工——由他負責在外打拚，而我守護家庭——的生活模式進行。如同一般的妻子一樣，我所設定的人生目標就是協助丈夫事業成功。此外，以我丈夫的情形來說，他一直努力的，就是積極提高工作的品質，所以相對的，我就盡力去追求提高生活品質。

同時，對於丈夫的要求，我儘量完美地達成。

在我們新婚時期，住在多摩廣場的公寓裡。一直到他朋友要轉派到國外時，租下他原有的房子才搬遷。此後，原本住在娘家附近的阿姨結婚了，房子空了下來，所以就搬進去住。那是一幢獨院的房子。

租金每個月才四萬圓，加上隔壁就是舅舅經營的三溫暖，所以洗澡還免費。兒子太郎因每天都搶第一去泡澡，所以身體很健康，發育也很好。另外一方面原本就喜愛泡澡的丈夫也為此非常高興。所以就是在這樣優惠的條件下，我們能以當時不多的薪水過優裕的生活。

後來當我懷了第一胎（太郎）時，丈夫就直覺判斷說「絕對會生男的」，而果真如願以償，所以他高興得不得了。但他說養育孩子是做妻子應盡的義務，所以從不幫忙我。就連換尿布這樣的事也是同樣的情形。如當我外出到附近商店購物時，太郎哭了，他就大叫隔壁的媽媽說「媽媽，太郎尿尿了！」讓媽媽過來處理。

幸好這段時期，家人就住在隔壁，幫了大忙；否則我想我大概早就因育兒的問題患上精神官能症了。

說實在的，我對於這樣溫馨的環境非常依依不捨，但另一方面我心中卻想不論如何，都應該擁有一個屬於自己附帶土地的房子。而經過熱心多方探問後，在雪谷區找到一塊只供租借卻不賣的適當建地。

一開始丈夫並不熱衷，只是說：

「我才有那麼一點儲蓄，寧願維持現狀。」

「你為什麼這麼說？當初你還不是說我們不可能買車的，但後來當我拿到駕駛執照後，還不是分期付款買了？而這一次是實現夢想的好機會，絕對沒問題的。況且又不買土地，只要有建造建築物的預算，我們就可以擁有屬於自己的房屋了啊。」

經過我這樣堅決地說明，丈夫才轉為積極同意。最後，就在三十四坪的土地上，蓋了我們溫馨的小屋。

「我被判了二十年的有期徒刑了，請各位多多幫忙！」

這就是當初遷居時，丈夫所擬的通知函內容。他把二十年的分期付款稱為二十年的徒刑，然後通知親朋好友們，我認為這看起來就像這次舉行的記者招待會一樣，具有相同的作用。丈夫習慣先召告外界，讓所有親朋都知道，然後他才為了實現自己所說的話努力奮鬥。

「雖然被判了二十年的徒刑，但只要我努力工作就能妥切對應，同時也能實現夢想。」

這一次，我的夢終於和丈夫的意願，合而為一了。

自行遷到雪谷區後，丈夫就愈來愈出名，接受雜誌的訪問也愈頻繁。例如，一九八三年『我的新年』雜誌的正月號想報導我家，所以就趕緊準備適當的衣服，並急忙找出毛筆寫幾張應景的春聯，就在這樣匆忙準備後，家裡四個人被拍下了照片。

雜誌採訪完，我們二人互看，不禁會心一笑：

「幸好，我們搬家了！」

此後，當丈夫從服務二十年的富士電視台辭職，成為自由的特約記者時，在銀行方面的協助下，搬到田園調布一幢獨院的房屋。雖說是臨時的住家，卻有一〇〇坪大，而且還是被稱為高級住宅區的「田園調布」，所以沒有任何人反對，馬上就決定搬了。

對工作方面有強烈慾望的丈夫，在住的方面卻不怎麼關心，所以就由我先決定好，然後丈夫再付諸實行。

搬家以後，丈夫的工作更加忙碌了，但要回家前還是保持先打電話聯絡的習慣，同時還帶我做的便當去上班。或許一般人會認為這種做法是懼內的表現，而感到羞恥，但他卻不這樣認為，只說太忙沒時間外出吃飯，所以還是要繼續帶便當。即使忙到沒時間吃飯，也要求帶飯糰或只需一點時間就可吃的食物，這正是一切工作至上的丈夫的標準作風。

早上要那麼早起床作便當，或許很多人會覺得累，但我認為只要有心，不論多早，都不覺得累。這就好像丈夫認為工作的態度一樣，我也把這工作當作我份內的事，努力完成。

不久後，有雜誌記者來採訪我，要求公開丈夫的便當內容或一道丈夫最愛吃的菜餚，順應他們就做了料理。而凡事講究的丈夫，為了要刊載的緣故，親自畫了我家的廚房配置圖給雜誌記者。

我為了擁有自己的房子奮鬥著，最後逐步戰勝。所以現在我丈夫送給我的，遠比我自己期待的更好，但是，可以輕鬆回家休息的男主人卻已不在了……。

他是非常好客的人，本身不喝酒，但卻喜歡以喝可樂來裝醉，我實在非常懷念他那種大聲胡鬧的情況。近幾年因為他工作忙碌，所以連他最喜歡的娛樂也都沒辦法享受了。

我丈夫是挑戰者

丈夫對工作的野心非常強烈，我本身也非常欣賞他這種工作的態度。而只要是他想做的事，並不會跟人商量就付諸實行。只在遇有意料之外的事，無法自行判斷時，才會來和我商談。就如：

「有人要求我出唱片耶，但我從沒唱過歌，怎麼辦？」

「你認識的人當中，又沒有人出唱片，你何妨試試看呢？」

又，有人提議他出版書籍時，他說：

「要出版書，可是我並沒有寫過耶……」

「很好啊，當播報員又寫書的人不多哦，如果暢銷的話，還可以繼續出第二本、第三本，多有趣啊。應試著去挑戰看看。」

我就這樣鼓勵他去做。

「有人提議，要發行我的照片，如何呢？」

「這很好啊，試試看嗎！可以穿以往從沒穿過的西裝拍照，多好玩啊！」

因為我是那種好奇心旺盛的性格，所以對於這些提案，我都鼓勵他去試試看。而原本因從未嘗試過，而感到壓力很大的丈夫，只要得到我的贊成後，他就敢勇於挑戰。所以與其說是和我商量，還不如說是想得到我積極的鼓勵，才來找我談談的。

當他為了要發行照片，而去拍照時，出乎他意料之外的，被要求穿著紅西裝。「竟要我穿這樣的衣服耶」當他回家後，指著照片以很無奈的語氣說給我聽。其實我猜想，他心底並沒有如他表現出來的那樣埋怨，反而還相當滿足呢！

意想不到竟賣得很好，排行榜冠軍呢。說實在的，我也沒預料到會這麼成功，或許因正好是流行「醬油臉」的時代吧，才會這樣廣受歡迎。記得有一次到原宿附近去辦事情，所以就順便到賣照片的店去看看。於是就在年輕的偶像燦爛笑容旁，看到一個故作正經、板著臉孔，身上還穿著紅色西裝的中年男人，一下子忍不住就笑了出來。

可是，只有一件事，連我也不說「很有趣哦」而鼓勵他去嘗試。

有一天，異於平常寡默的他，興高采烈地回家了。一進門就問我說「你覺得如何呢？」

我反問他「什麼事？」

「你認為當都知事好嗎？」

「都知事?!」

「我適不適合當都知事？」

「你？」

一下子我也不知怎麼回答他。我曾聽他學生時代要好的同學說過「逸見看起來雖然規規矩矩、老老實實的，但有時竟會做出驚人之舉呢！」雖說他現在提的這件事並不致令人訝異、無從想像的程度，但我還是無法想像他這種人竟也隱藏了這樣的權力慾。所以乍時似乎看到他陌生的一面，感到目瞪口呆。

「如果可以自由控制東京都的龐大財源不是好棒嗎？」

眉飛色舞的樣子，就像已坐上都知事位置般的得意。聽他說現在已當大學教授的同學，也會來替他助選，看得出他一副摩拳擦掌的模樣。

且有前例可循，NHK電視台出身的橋本大二郎，現在就擔任高知縣的縣知事。他可能就是想到這一點才會這麼積極吧。當時因妹夫還未調職，所以就在高知縣目睹了盛況。聽他說選舉時期的「橋本熱潮」十分驚人呢！大概是因橋本先生不但長得好看，實踐力又強，而且日常不開車，只搭乘電車的樸實生活深獲好感。因此當選縣知事後，仍廣受愛戴。

丈夫是否也能像橋本先生般的受歡迎？我實在沒有把握，所以始終不敢說「這很有趣哦，你去試試看好了」，這樣鼓勵的話。而我心裡亦不禁訝異，實在無法想像原本沈默寡言的人，內心竟也潛藏著如此大的野心呢！

通知回家的電話

「現在要回家了。」

如要一般的男人在很多的同事面前從工作崗位打電話說要回家了，大概都會感到很為難。因此，常可聽到因先生太晚歸，又不通知給家裡知道，害得妻子在家苦等心慌，終至引發家庭爭端。

但我丈夫就是那種絲毫不在意是否雅觀，每天一定都會打電話告知要回來了，而這電話其實正就是表示「替我準備好飯、洗澡水」的命令，同時也是表達「已經平安完成工作，要回家了」的訊息。

除此之外，就沒再說什麼話了。丈夫在外面被稱為「思慮周密的逸見」，可是當回到家後，卻變得很任性，這可能是因他心底深處有「是這樣的家庭才有這樣的我」的強烈意識所造成的吧。

大體上來說，我對他的要求都以「好，好」來回應，因為我覺得他對家庭很坦誠。他在星期例假日，也不作什麼特別安排，如果沒有什麼約會的話，大概就是全家一起吃個飯。就連暑假，也沒有安排家庭旅遊的習慣。他最希望的休閒活動應該是打高爾夫球吧。但感受得出他關懷家人的心情，絕對比別人多一倍以上的。

就連到外地出差，晚上還是一定打電話回來，說「工作結束了」或說「現在要睡覺了」等。這習慣是從結婚當初就一直保持的。雖然常有人問我的丈夫到底有沒有外遇？說實在的，我從不擔心這個問題。

有一次他告訴我晚上不要準備飯了，反問他「你要跟誰一起吃飯呢？」「今天要跟富士電視台的同事。」由於他從不欺騙、撒謊，所以對於他所說的我都絕對信任。

丈夫是那種為了完成工作而全力以赴的人，因此，平常就有強烈的意識要維護身體的健康。同時基於這種需求，認定應有家庭當依靠，所以對於他一切的行程，必定都會預先告訴我。

以前，他為了要採訪排球賽，所以必須很早就出門。但他什麼時候要去哪裡？什麼時候要回來？我都清清楚楚的。如果這是溝通的話，那我們夫妻倆的確做得很好。之所以如此，就是因為丈夫有習慣，不論多早要出門，一定要提早二個小時起床，等吃過早餐後才出門，所以有必要讓我預先知道行程。

有時，雜誌記者來採訪，會問「扮演丈夫角色的逸見，如果讓你打分數，會多少分呢？」通常我會回答「給他一二〇分」。這是因為丈夫對於我們家人所有的要求期待，一定都是有求必應，而且無論做任何事，他一定抱持全力以赴的態度。如果要說我對他唯一的不滿，那應該就是他待在家的時間實在太少了。但說實在，若要求更多的時間也是不應該的。

當二個孩子相繼到外國後，四年之間我都有充分的個人自由時間。但我卻常提出不要開伙，等丈夫工作完畢後再約好一起去外面吃飯的要求，而他也從沒拒絕過我，只要有時間，就會順應我的要求。

偶而，當我們一起外出時，若遇到熟人，他也不會讓我覺得自己礙手礙腳，反而更顧慮體貼我。

Beat Takesi先生，在丈夫一九九三年出版的『逸見政孝的魔術眼鏡』（新版）的封面解說時寫道「其實逸見也很想嘗試玩女人的滋味，最後還是因怕太太而作罷了」。由於如此，我想大概都認為他是怕太太的人吧！

他也會約我一起去參加名流集聚的宴會，然後跟我說「今天我替你介紹某某人」。通常我們都約在會場的門口，再一起進去。他自己雖然不喝酒，但卻體貼地說「妳喜歡喝就喝啊」替我端來我喜歡的葡萄酒；或許就是如此，就被誤解更深了。

我唯一掛慮的，就是希望他應該多放輕鬆，不要老是繃得緊緊的，於是就常跟他說：

「你應該適度的休息，保護自己的身體才好。」

可是，丈夫卻一直做不到，可能從未認真想過要好好維護健康才會這樣吧。因為即使從未有人強迫他一定得拼命工作，他還是全力以赴。而我更希望他能把工作量減少些，其實應該是可以做到的，但他的做法卻又完全相反。只要可以不睡覺就寧可不睡，繼續工作、工作。

阿政，謝謝你

自從知道丈夫得癌狀以來，孩子們都體會到爸爸正面臨嚴重的挑戰，所以都懂得自我約束。而且我們是在避談死亡的默契下，開始過入院生活的。但坦白說，雖然不說，卻只要一想到可能隨時會失去丈夫，不安的心情即刻使我們忐忑不已啊。

當我看到孩子們臉上那種如不趁現在說，可能就無法再聽到爸爸的意見的焦慮，我實在非常不忍心。另一方面，在旁看太郎和愛的我，即使知道他們正面臨人生的轉捩點，卻也無法幫上忙。

二個孩子其實都希望，常說「爸爸一切都支持你們，只要想做就去做」的丈夫，能做出稍微具體一點的建議。雖然這樣想著，但現在已不可能再有時間可作懇切的談話了。

被特別允許外宿的那一夜，就是要進行手術的九月十六日的前一天晚上。當丈夫回家後，因愛覺得不應該擾亂爸爸娛樂的時間，就只是陪丈夫一齊看長片而已。

後來，丈夫因腸閉塞而再度臥病時，引發口內炎，就沒辦法順暢地說話。有一天，很罕見的他竟主動和愛談起話來，一句一句的，慢慢的說：

「前些時候，電視台有播『七月四日誕生時』這部電影，愛，你有沒有看呢？」

「爸爸有看嗎？那電影真是精彩。對了，我一直很想問爸爸有關越戰的事……」

聽到愛這麼說，丈夫臉上表現出很高興的表情，拚命想說些什麼，但當聲音從嘴巴出來後，都只是像呻吟般不清晰。

「也好，也好……愛，我知道；但……現在……我說不……出來……」

只能勉強地猜他話裡的含意看他非常痛苦的模樣，於是就跟他說：

「今天就不要再說了，等情況較好時，可以慢慢說啊。」

我是很不忍心才這樣說的，丈夫也很難為地笑笑，然後以手勢向愛表示「改天再說吧」。雖然愛急著想聽，卻又擔心丈夫痛苦的模樣，所以只好放棄了。

我看愛好像覺得：竟然能和爸爸不約而同地看同一部電影。因而顯露比丈夫更高興的樣子。

但最後，丈夫還是沒回答愛就逝世了，讓愛感到非常遺憾。竟能和爸爸不約而同地在同一時間看同一部電影，爸爸到底有什麼感想呢？是否和我想的一樣？還是和我的看法不同？她真的很想知道爸爸的想法。為什麼不早點和爸爸談話進行溝通呢？為什麼只怪爸爸太忙呢？而感覺非常後悔的樣子。

以愛的年紀來說，自然是不知道戰爭的情形。況且一向住在和平的日本，要他體會戰爭有多麼悲慘也比較難。但事實上，越戰不過是不久前才發生的，而且世界上也有其他的國家正進行慘烈的戰爭，所以難免對為何還有戰爭不解，而又為何改在這樣的時代還持續戰爭？我想，她大概就是想跟爸爸討論這方面的問題吧。

愛受到丈夫的影響，也非常喜歡看電影。如果丈夫在電視上看到卓別林的影片時，他就會大聲叫「愛，快來看，快來看呀！」急忙催促著女兒。同時也因為丈夫的影響，使愛對原本並不熟悉黑澤明導演的作品，也轉變成擁護者。

後來，當他到英國後，就能比在日本等待電影上映的丈夫更早欣賞到；所以，那時丈夫就埋怨說「你已經看過那部電影了啊？日本還沒上演呢！」一副非常不甘心的樣子。

丈夫發展觀後感想的最後一部電影，就是由山田洋次先生導演的「學校」；但事實上他最後看的那一部電影，應該就是和不約而同的愛同看的那部『七月四日誕生時』。所以這對愛來說，一定會成為日後難忘的可貴回憶。

太郎、愛、以及我

「我、媽媽、妹妹三個人從此以後要相依為命，努力地把爸爸的份也包含進去，過最幸福的生活。」

告別式的當天，太郎向在百忙中抽空特來參加的親友們答謝。

他好像想著自己之前在遙遠的美國，雖一直擔心爸爸的病況，但終無盡到責任，所以現在開始應該擔起長男的責任。所以他很勇敢地面對悲痛，壓抑自己的情緒，還照顧我和愛。

丈夫，不知有沒有發現呢……

丈夫在太郎十月八日短暫回國時，為應付雜誌記者的要求，於是就和太郎二個人，在病房裡擺姿勢讓記者拍照。之後，當他自己觀看太郎初次的電視記者招待會時，有時頷頷首，有時斜著頭，認真地觀察一心想繼承父業的太郎，是否真正適合這個行業。

太郎，是美國波士頓，威頓大學二年級的學生，而只要再過半年就可結束一般教育的課程，而這之後，他打算轉到加州的某一所大學攻讀傳播媒介。但心裡卻又放心不下只剩我和愛二個女人的家，除此之外，還有頓失樑柱後的經濟問題及爺爺奶奶的問題，這種種都令他擔心。

自己是不是應該負起支撐家庭的責任，留在國內？他的心情就這樣猶豫不決，進退維谷啊。

當丈夫還健在時，太郎說他可以先試著在美國採訪再把內容傳送回來，以這種方式報導看看。但若是想完成擔任節目主持人的理想，他還需多多的累積經驗，以便日後若是能「父子二人一起搭檔，有多好啊！」他就是瞇著眼睛這樣說著，但現在一切都成泡影了。

我並不想以經濟上的理由來摧毀太郎的夢，同時這也違反了丈夫的意思。所以只要太郎有這種願望，我就要他繼續留學。

愛原本是到倫敦學習芭蕾，可是後來丈夫病發了，於是就只好告一段落，回國來。而她說今後要跟我住在一起，然後繼續去學習歌舞，因此，我也會盡力去支援她。

至於我自己的前途，若現在來說；一切還言之過早，並不曾作任何計畫。但最希望去做的就是繼承丈夫與癌症搏鬥的事業。雖然我並不是專家，但以我身為患者家屬的親身體驗，也應該多少有所助益。

如何防癌？如果癌症發作了，應該找那一位醫生呢？

我們因發現得太遲了，所以只能在後來回想時，才知道應該做的事也非常多。所以，現在我很想把我個人的經驗提供給與丈夫相同，正與癌搏鬥的患者及其家屬們做參考，希望能對他們有所幫助。

我交待孩子說「不論發生任何事，都絕對不能放棄自己想做的事，媽媽會代替爸爸來支援你們的」可是最近卻反而被問：「媽媽，今後你要怎麼辦呢？」

「說得也是，媽媽已是自由身了，就連戀愛也自由了。」

「對呀！你現在已沒有配偶了，我們可以明瞭的。」

「可是能不能找到比爸爸更棒的男性呢？」

這真的是我由衷的想法，能和像我丈夫這樣了不起的人邂逅。我衷心感謝。同時，我想繼續丈夫未完成的工作，即使只能實現一點點也沒關係，我會持續努力的！

後記

一月三十日，進行七旬法會和安放骨灰。雖是在寒冷之中，但仍來了很多人參加，而我們親子三人一起為丈夫送靈。

從丈夫過世的那一天開始，時間飛也似的，心情雖一直還未能穩定下來，但太郎、愛和我三個人，因顧慮到以後的事進行商量，終於得到結論，可以向丈夫報告。

太郎決定順從丈夫的遺志，回美國繼續學業。

愛和我就繼承丈夫設立的「逸見事務所」以完成他未竟的工作。

而為了出版這本書，我更是感慨萬千。這些日子來，受到各位的關懷，紛紛贈送我們許多的慰問禮物，這包括了丈夫一直持續喝著的健康飲料、藥品、健康食品、千羽鶴等。這些千羽鶴，我已把它們送到奧澤神社去供奉了。至於那些熱誠的慰問函，實在是非常珍貴，常能鼓舞我們。有時會因還未拭去悲傷，卻又必須勉強工作的苛刻情況，而沮喪，頹萎；但只要以積極的一面來看，就當作是給我們的一種磨練吧!!

現在我們重新出發了，雖然還步履蹣跚，但我想丈夫一定會爲我們感到高興的。能給我們這個機會發抒心聲，我由衷地感謝。不需贅言，就此擱筆了。

逸見　晴惠

大展出版社有限公司	圖書目錄

地址：台北市北投區11204
致遠一路二段12巷1號
郵撥：0166955～1
電話：(02) 8236031
8236033
傳眞：(02) 8272069

•法律專欄連載•電腦編號 58

台大法學院 法律學系／策劃
法律服務社／編著

①別讓您的權利睡著了[1]	200元
②別讓您的權利睡著了[2]	200元

•秘傳占卜系列•電腦編號 14

①手相術	淺野八郎著	150元
②人相術	淺野八郎著	150元
③西洋占星術	淺野八郎著	150元
④中國神奇占卜	淺野八郎著	150元
⑤夢判斷	淺野八郎著	150元
⑥前世、來世占卜	淺野八郎著	150元
⑦法國式血型學	淺野八郎著	150元
⑧靈感、符咒學	淺野八郎著	150元
⑨紙牌占卜學	淺野八郎著	150元
⑩ＥＳＰ超能力占卜	淺野八郎著	150元
⑪猶太數的秘術	淺野八郎著	150元
⑫新心理測驗	淺野八郎著	160元

•趣味心理講座•電腦編號 15

①性格測驗１	探索男與女	淺野八郎著	140元
②性格測驗２	透視人心奧秘	淺野八郎著	140元
③性格測驗３	發現陌生的自己	淺野八郎著	140元
④性格測驗４	發現你的真面目	淺野八郎著	140元
⑤性格測驗５	讓你們吃驚	淺野八郎著	140元
⑥性格測驗６	洞穿心理盲點	淺野八郎著	140元
⑦性格測驗７	探索對方心理	淺野八郎著	140元
⑧性格測驗８	由吃認識自己	淺野八郎著	140元
⑨性格測驗９	戀愛知多少	淺野八郎著	140元

⑩性格測驗10	由裝扮瞭解人心	淺野八郎著	140元
⑪性格測驗11	敲開內心玄機	淺野八郎著	140元
⑫性格測驗12	透視你的未來	淺野八郎著	140元
⑬血型與你的一生		淺野八郎著	140元
⑭趣味推理遊戲		淺野八郎著	160元
⑮行爲語言解析		淺野八郎著	160元

•婦 幼 天 地• 電腦編號 16

①八萬人減肥成果	黃靜香譯	180元
②三分鐘減肥體操	楊鴻儒譯	150元
③窈窕淑女美髮秘訣	柯素娥譯	130元
④使妳更迷人	成 玉譯	130元
⑤女性的更年期	官舒妍編譯	160元
⑥胎內育兒法	李玉瓊編譯	150元
⑦早產兒袋鼠式護理	唐岱蘭譯	200元
⑧初次懷孕與生產	婦幼天地編譯組	180元
⑨初次育兒12個月	婦幼天地編譯組	180元
⑩斷乳食與幼兒食	婦幼天地編譯組	180元
⑪培養幼兒能力與性向	婦幼天地編譯組	180元
⑫培養幼兒創造力的玩具與遊戲	婦幼天地編譯組	180元
⑬幼兒的症狀與疾病	婦幼天地編譯組	180元
⑭腿部苗條健美法	婦幼天地編譯組	150元
⑮女性腰痛別忽視	婦幼天地編譯組	150元
⑯舒展身心體操術	李玉瓊編譯	130元
⑰三分鐘臉部體操	趙薇妮著	160元
⑱生動的笑容表情術	趙薇妮著	160元
⑲心曠神怡減肥法	川津祐介著	130元
⑳內衣使妳更美麗	陳玄茹譯	130元
㉑瑜伽美姿美容	黃靜香編著	150元
㉒高雅女性裝扮學	陳珮玲譯	180元
㉓蠶糞肌膚美顏法	坂梨秀子著	160元
㉔認識妳的身體	李玉瓊譯	160元
㉕產後恢復苗條體態	居理安・芙萊喬著	200元
㉖正確護髮美容法	山崎伊久江著	180元
㉗安琪拉美姿養生學	安琪拉蘭斯博瑞著	180元
㉘女體性醫學剖析	增田豐著	220元
㉙懷孕與生產剖析	岡部綾子著	180元
㉚斷奶後的健康育兒	東城百合子著	220元

•青 春 天 地• 電腦編號17

①A血型與星座	柯素娥編譯	120元
②B血型與星座	柯素娥編譯	120元
③O血型與星座	柯素娥編譯	120元
④AB血型與星座	柯素娥編譯	120元
⑤青春期性教室	呂貴嵐編譯	130元
⑥事半功倍讀書法	王毅希編譯	150元
⑦難解數學破題	宋釗宜編譯	130元
⑧速算解題技巧	宋釗宜編譯	130元
⑨小論文寫作秘訣	林顯茂編譯	120元
⑪中學生野外遊戲	熊谷康編著	120元
⑫恐怖極短篇	柯素娥編譯	130元
⑬恐怖夜話	小毛驢編譯	130元
⑭恐怖幽默短篇	小毛驢編譯	120元
⑮黑色幽默短篇	小毛驢編譯	120元
⑯靈異怪談	小毛驢編譯	130元
⑰錯覺遊戲	小毛驢編譯	130元
⑱整人遊戲	小毛驢編著	150元
⑲有趣的超常識	柯素娥編譯	130元
⑳哦！原來如此	林慶旺編譯	130元
㉑趣味競賽100種	劉名揚編譯	120元
㉒數學謎題入門	宋釗宜編譯	150元
㉓數學謎題解析	宋釗宜編譯	150元
㉔透視男女心理	林慶旺編譯	120元
㉕少女情懷的自白	李桂蘭編譯	120元
㉖由兄弟姊妹看命運	李玉瓊編譯	130元
㉗趣味的科學魔術	林慶旺編譯	150元
㉘趣味的心理實驗室	李燕玲編譯	150元
㉙愛與性心理測驗	小毛驢編譯	130元
㉚刑案推理解謎	小毛驢編譯	130元
㉛偵探常識推理	小毛驢編譯	130元
㉜偵探常識解謎	小毛驢編譯	130元
㉝偵探推理遊戲	小毛驢編譯	130元
㉞趣味的超魔術	廖玉山編著	150元
㉟趣味的珍奇發明	柯素娥編著	150元
㊱登山用具與技巧	陳瑞菊編著	150元

•健 康 天 地• 電腦編號18

①壓力的預防與治療	柯素娥編譯	130元
②超科學氣的魔力	柯素娥編譯	130元
③尿療法治病的神奇	中尾良一著	130元
④鐵證如山的尿療法奇蹟	廖玉山譯	120元
⑤一日斷食健康法	葉慈容編譯	120元
⑥胃部強健法	陳炳崑譯	120元
⑦癌症早期檢查法	廖松濤譯	160元
⑧老人痴呆症防止法	柯素娥編譯	130元
⑨松葉汁健康飲料	陳麗芬編譯	130元
⑩揉肚臍健康法	永井秋夫著	150元
⑪過勞死、猝死的預防	卓秀貞編譯	130元
⑫高血壓治療與飲食	藤山順豐著	150元
⑬老人看護指南	柯素娥編譯	150元
⑭美容外科淺談	楊啟宏著	150元
⑮美容外科新境界	楊啟宏著	150元
⑯鹽是天然的醫生	西英司郎著	140元
⑰年輕十歲不是夢	梁瑞麟譯	200元
⑱茶料理治百病	桑野和民著	180元
⑲綠茶治病寶典	桑野和民著	150元
⑳杜仲茶養顏減肥法	西田博著	150元
㉑蜂膠驚人療效	瀨長良三郎著	150元
㉒蜂膠治百病	瀨長良三郎著	180元
㉓醫藥與生活	鄭炳全著	180元
㉔鈣長生寶典	落合敏著	180元
㉕大蒜長生寶典	木下繁太郎著	160元
㉖居家自我健康檢查	石川恭三著	160元
㉗永恒的健康人生	李秀鈴譯	200元
㉘大豆卵磷脂長生寶典	劉雪卿譯	150元
㉙芳香療法	梁艾琳譯	160元
㉚醋長生寶典	柯素娥譯	180元
㉛從星座透視健康	席拉・吉蒂斯著	180元
㉜愉悅自在保健學	野本二士夫著	160元
㉝裸睡健康法	丸山淳士等著	160元
㉞糖尿病預防與治療	藤田順豐著	180元
㉟維他命長生寶典	菅原明子著	180元
㊱維他命C新效果	鐘文訓編	150元
㊲手、腳病理按摩	堤芳郎著	160元
㊳AIDS瞭解與預防	彼得塔歇爾著	180元
㊴甲殼質殼聚糖健康法	沈永嘉譯	160元
㊵神經痛預防與治療	木下眞男著	160元
㊶室內身體鍛鍊法	陳炳崑編著	160元

㊷吃出健康藥膳	劉大器編著	180元
㊸自我指壓術	蘇燕謀編著	160元
㊹紅蘿蔔汁斷食療法	李玉瓊編著	150元
㊺洗心術健康秘法	竺翠萍編譯	170元
㊻枇杷葉健康療法	柯素娥編譯	180元
㊼抗衰血癒	楊啟宏著	180元

•實用女性學講座•電腦編號 19

①解讀女性內心世界	島田一男著	150元
②塑造成熟的女性	島田一男著	150元
③女性整體裝扮學	黃靜香編著	180元
④女性應對禮儀	黃靜香編著	180元

•校 園 系 列•電腦編號 20

①讀書集中術	多湖輝著	150元
②應考的訣竅	多湖輝著	150元
③輕鬆讀書贏得聯考	多湖輝著	150元
④讀書記憶秘訣	多湖輝著	150元
⑤視力恢復！超速讀術	江錦雲譯	180元

•實用心理學講座•電腦編號 21

①拆穿欺騙伎倆	多湖輝著	140元
②創造好構想	多湖輝著	140元
③面對面心理術	多湖輝著	160元
④偽裝心理術	多湖輝著	140元
⑤透視人性弱點	多湖輝著	140元
⑥自我表現術	多湖輝著	150元
⑦不可思議的人性心理	多湖輝著	150元
⑧催眠術入門	多湖輝著	150元
⑨責罵部屬的藝術	多湖輝著	150元
⑩精神力	多湖輝著	150元
⑪厚黑說服術	多湖輝著	150元
⑫集中力	多湖輝著	150元
⑬構想力	多湖輝著	150元
⑭深層心理術	多湖輝著	160元
⑮深層語言術	多湖輝著	160元
⑯深層說服術	多湖輝著	180元
⑰掌握潛在心理	多湖輝著	160元

⑱洞悉心理陷阱　多湖輝著　180元

・超現實心理講座・電腦編號22

①超意識覺醒法　詹蔚芬編譯　130元
②護摩秘法與人生　劉名揚編譯　130元
③秘法！超級仙術入門　陸　明譯　150元
④給地球人的訊息　柯素娥編著　150元
⑤密教的神通力　劉名揚編著　130元
⑥神秘奇妙的世界　平川陽一著　180元
⑦地球文明的超革命　吳秋嬌譯　200元
⑧力量石的秘密　吳秋嬌譯　180元
⑨超能力的靈異世界　馬小莉譯　200元

・養生保健・電腦編號23

①醫療養生氣功　黃孝寬著　250元
②中國氣功圖譜　余功保著　230元
③少林醫療氣功精粹　井玉蘭著　250元
④龍形實用氣功　吳大才等著　220元
⑤魚戲增視強身氣功　宮　嬰著　220元
⑥嚴新氣功　前新培金著　250元
⑦道家玄牝氣功　張　章著　200元
⑧仙家秘傳袪病功　李遠國著　160元
⑨少林十大健身功　秦慶豐著　180元
⑩中國自控氣功　張明武著　250元
⑪醫療防癌氣功　黃孝寬著　250元
⑫醫療強身氣功　黃孝寬著　250元
⑬醫療點穴氣功　黃孝寬著　220元
⑭中國八卦如意功　趙維漢著　180元
⑮正宗馬禮堂養氣功　馬禮堂著　420元

・社會人智囊・電腦編號24

①糾紛談判術　清水增三著　160元
②創造關鍵術　淺野八郎著　150元
③觀人術　淺野八郎著　180元
④應急詭辯術　廖英迪編著　160元
⑤天才家學習術　木原武一著　160元
⑥猫型狗式鑑人術　淺野八郎著　180元
⑦逆轉運掌握術　淺野八郎著　180元

⑧人際圓融術	澀谷昌三著	160元
⑨解讀人心術	淺野八郎著	180元
⑩與上司水乳交融術	秋元隆司著	180元

•精 選 系 列• 電腦編號 25

①毛澤東與鄧小平	渡邊利夫等著	280元
②中國大崩裂	江戶介雄著	180元
③台灣•亞洲奇蹟	上村幸治著	220元
④7-ELEVEN高盈收策略	國友隆一著	180元
⑤台灣獨立	森 詠著	200元
⑥迷失中國的末路	江戶雄介著	220元
⑦2000年5月全世界毀滅	紫藤甲子男著	180元

•運 動 遊 戲• 電腦編號 26

①雙人運動	李玉瓊譯	160元
②愉快的跳繩運動	廖玉山譯	180元
③運動會項目精選	王佑京譯	150元
④肋木運動	廖玉山譯	150元
⑤測力運動	王佑宗譯	150元

•銀髮族智慧學• 電腦編號 28

①銀髮六十樂逍遙	多湖輝著	170元
②人生六十反年輕	多湖輝著	170元

•心 靈 雅 集• 電腦編號 00

①禪言佛語看人生	松濤弘道著	180元
②禪密教的奧秘	葉逯謙譯	120元
③觀音大法力	田口日勝著	120元
④觀音法力的大功德	田口日勝著	120元
⑤達摩禪106智慧	劉華亭編譯	150元
⑥有趣的佛教研究	葉逯謙編譯	120元
⑦夢的開運法	蕭京凌譯	130元
⑧禪學智慧	柯素娥編譯	130元
⑨女性佛教入門	許俐萍譯	110元
⑩佛像小百科	心靈雅集編譯組	130元
⑪佛教小百科趣談	心靈雅集編譯組	120元
⑫佛教小百科漫談	心靈雅集編譯組	150元

⑬佛教知識小百科	心靈雅集編譯組	150元
⑭佛學名言智慧	松濤弘道著	220元
⑮釋迦名言智慧	松濤弘道著	220元
⑯活人禪	平田精耕著	120元
⑰坐禪入門	柯素娥編譯	120元
⑱現代禪悟	柯素娥編譯	130元
⑲道元禪師語錄	心靈雅集編譯組	130元
⑳佛學經典指南	心靈雅集編譯組	130元
㉑何謂「生」 阿含經	心靈雅集編譯組	150元
㉒一切皆空 般若心經	心靈雅集編譯組	150元
㉓超越迷惘 法句經	心靈雅集編譯組	130元
㉔開拓宇宙觀 華嚴經	心靈雅集編譯組	130元
㉕真實之道 法華經	心靈雅集編譯組	130元
㉖自由自在 涅槃經	心靈雅集編譯組	130元
㉗沈默的教示 維摩經	心靈雅集編譯組	150元
㉘開通心眼 佛語佛戒	心靈雅集編譯組	130元
㉙揭秘寶庫 密教經典	心靈雅集編譯組	130元
㉚坐禪與養生	廖松濤譯	110元
㉛釋尊十戒	柯素娥編譯	120元
㉜佛法與神通	劉欣如編著	120元
㉝悟（正法眼藏的世界）	柯素娥編譯	120元
㉞只管打坐	劉欣如編著	120元
㉟喬答摩・佛陀傳	劉欣如編著	120元
㊱唐玄奘留學記	劉欣如編著	120元
㊲佛教的人生觀	劉欣如編譯	110元
㊳無門關（上卷）	心靈雅集編譯組	150元
㊴無門關（下卷）	心靈雅集編譯組	150元
㊵業的思想	劉欣如編著	130元
㊶佛法難學嗎	劉欣如著	140元
㊷佛法實用嗎	劉欣如著	140元
㊸佛法殊勝嗎	劉欣如著	140元
㊹因果報應法則	李常傳編	140元
㊺佛教醫學的奧秘	劉欣如編著	150元
㊻紅塵絕唱	海 若著	130元
㊼佛教生活風情	洪丕謨、姜玉珍著	220元
㊽行住坐臥有佛法	劉欣如著	160元
㊾起心動念是佛法	劉欣如著	160元
㊿四字禪語	曹洞宗青年會	200元
51妙法蓮華經	劉欣如編著	160元

㊾根本佛教與大乘佛教	葉作森編	元

・經 營 管 理・電腦編號01

◎創新經營六十六大計（精）	蔡弘文編	780元
①如何獲取生意情報	蘇燕謀譯	110元
②經濟常識問答	蘇燕謀譯	130元
③股票致富68秘訣	簡文祥譯	200元
④台灣商戰風雲錄	陳中雄著	120元
⑤推銷大王秘錄	原一平著	180元
⑥新創意・賺大錢	王家成譯	90元
⑦工廠管理新手法	琪　輝著	120元
⑧奇蹟推銷術	蘇燕謀譯	100元
⑨經營參謀	柯順隆譯	120元
⑩美國實業24小時	柯順隆譯	80元
⑪撼動人心的推銷法	原一平著	150元
⑫高竿經營法	蔡弘文編	120元
⑬如何掌握顧客	柯順隆譯	150元
⑭一等一賺錢策略	蔡弘文編	120元
⑯成功經營妙方	鐘文訓著	120元
⑰一流的管理	蔡弘文編	150元
⑱外國人看中韓經濟	劉華亭譯	150元
⑲企業不良幹部群相	琪輝編著	120元
⑳突破商場人際學	林振輝編著	90元
㉑無中生有術	琪輝編著	140元
㉒如何使女人打開錢包	林振輝編著	100元
㉓操縱上司術	邑井操著	90元
㉔小公司經營策略	王嘉誠著	160元
㉕成功的會議技巧	鐘文訓編譯	100元
㉖新時代老闆學	黃柏松編著	100元
㉗如何創造商場智囊團	林振輝編譯	150元
㉘十分鐘推銷術	林振輝編譯	180元
㉙五分鐘育才	黃柏松編譯	100元
㉚成功商場戰術	陸明編譯	100元
㉛商場談話技巧	劉華亭編譯	120元
㉜企業帝王學	鐘文訓譯	90元
㉝自我經濟學	廖松濤編譯	100元
㉞一流的經營	陶田生編著	120元
㉟女性職員管理術	王昭國編譯	120元
㊱ＩＢＭ的人事管理	鐘文訓編譯	150元
㊲現代電腦常識	王昭國編譯	150元

㊳電腦管理的危機	鐘文訓編譯	120元
㊴如何發揮廣告效果	王昭國編譯	150元
㊵最新管理技巧	王昭國編譯	150元
㊶一流推銷術	廖松濤編譯	150元
㊷包裝與促銷技巧	王昭國編譯	130元
㊸企業王國指揮塔	松下幸之助著	120元
㊹企業精銳兵團	松下幸之助著	120元
㊺企業人事管理	松下幸之助著	100元
㊻華僑經商致富術	廖松濤編譯	130元
㊼豐田式銷售技巧	廖松濤編譯	180元
㊽如何掌握銷售技巧	王昭國編著	130元
㊿洞燭機先的經營	鐘文訓編譯	150元
52新世紀的服務業	鐘文訓編譯	100元
53成功的領導者	廖松濤編譯	120元
54女推銷員成功術	李玉瓊編譯	130元
55ＩＢＭ人才培育術	鐘文訓編譯	100元
56企業人自我突破法	黃琪輝編著	150元
58財富開發術	蔡弘文編著	130元
59成功的店舖設計	鐘文訓編著	150元
61企管回春法	蔡弘文編著	130元
62小企業經營指南	鐘文訓編譯	100元
63商場致勝名言	鐘文訓編譯	150元
64迎接商業新時代	廖松濤編譯	100元
66新手股票投資入門	何朝乾　編	180元
67上揚股與下跌股	何朝乾編譯	180元
68股票速成學	何朝乾編譯	180元
69理財與股票投資策略	黃俊豪編著	180元
70黃金投資策略	黃俊豪編著	180元
71厚黑管理學	廖松濤編譯	180元
72股市致勝格言	呂梅莎編譯	180元
73透視西武集團	林谷燁編譯	150元
76巡迴行銷術	陳蒼杰譯	150元
77推銷的魔術	王嘉誠譯	120元
78 60秒指導部屬	周蓮芬編譯	150元
79精銳女推銷員特訓	李玉瓊編譯	130元
80企劃、提案、報告圖表的技巧	鄭　汶　譯	180元
81海外不動產投資	許達守編譯	150元
82八百件的世界策略	李玉瓊譯	150元
83服務業品質管理	吳宜芬譯	180元
84零庫存銷售	黃東謙編譯	150元
85三分鐘推銷管理	劉名揚編譯	150元

㊻推銷大王奮鬥史	原一平著	150元
㊼豐田汽車的生產管理	林谷燁編譯	150元

•成功寶庫•電腦編號02

①上班族交際術	江森滋著	100元
②拍馬屁訣竅	廖玉山編譯	110元
④聽話的藝術	歐陽輝編譯	110元
⑨求職轉業成功術	陳　義編著	110元
⑩上班族禮儀	廖玉山編著	120元
⑪接近心理學	李玉瓊編著	100元
⑫創造自信的新人生	廖松濤編著	120元
⑭上班族如何出人頭地	廖松濤編著	100元
⑮神奇瞬間瞑想法	廖松濤編譯	100元
⑯人生成功之鑰	楊意苓編著	150元
⑲給企業人的諍言	鐘文訓編著	120元
⑳企業家自律訓練法	陳　義編譯	100元
㉑上班族妖怪學	廖松濤編著	100元
㉒猶太人縱橫世界的奇蹟	孟佑政編著	110元
㉓訪問推銷術	黃静香編著	130元
㉕你是上班族中強者	嚴思圖編著	100元
㉖向失敗挑戰	黃静香編著	100元
㉙機智應對術	李玉瓊編著	130元
㉚成功頓悟100則	蕭京凌編譯	130元
㉛掌握好運100則	蕭京凌編譯	110元
㉜知性幽默	李玉瓊編譯	130元
㉝熟記對方絕招	黃静香編譯	100元
㉞男性成功秘訣	陳蒼杰編譯	130元
㊱業務員成功秘方	李玉瓊編著	120元
㊲察言觀色的技巧	劉華亭編著	130元
㊳一流領導力	施義彥編譯	120元
㊴一流說服力	李玉瓊編著	130元
㊵30秒鐘推銷術	廖松濤編譯	150元
㊶猶太成功商法	周蓮芬編譯	120元
㊷尖端時代行銷策略	陳蒼杰編著	100元
㊸顧客管理學	廖松濤編著	100元
㊹如何使對方說Yes	程　羲編著	150元
㊺如何提高工作效率	劉華亭編著	150元
㊼上班族口才學	楊鴻儒譯	120元
㊽上班族新鮮人須知	程　羲編著	120元
㊾如何左右逢源	程　羲編著	130元

㊿語言的心理戰	多湖輝著	130元
㊿①扣人心弦演說術	劉名揚編著	120元
㊿③如何增進記憶力、集中力	廖松濤譯	130元
㊿⑤性惡企業管理學	陳蒼杰譯	130元
㊿⑥自我啟發200招	楊鴻儒編著	150元
㊿⑦做個傑出女職員	劉名揚編著	130元
㊿⑧靈活的集團營運術	楊鴻儒編著	120元
⑥⓪個案研究活用法	楊鴻儒編著	130元
⑥①企業教育訓練遊戲	楊鴻儒編著	120元
⑥②管理者的智慧	程　義編譯	130元
⑥③做個佼佼管理者	馬筱莉編譯	130元
⑥④智慧型說話技巧	沈永嘉編譯	130元
⑥⑥活用佛學於經營	松濤弘道著	150元
⑥⑦活用禪學於企業	柯素娥編譯	130元
⑥⑧詭辯的智慧	沈永嘉編譯	150元
⑥⑨幽默詭辯術	廖玉山編譯	150元
⑦⓪拿破崙智慧箴言	柯素娥編譯	130元
⑦①自我培育・超越	蕭京凌編譯	150元
⑦④時間即一切	沈永嘉編譯	130元
⑦⑤自我脫胎換骨	柯素娥譯	150元
⑦⑥贏在起跑點—人才培育鐵則	楊鴻儒編譯	150元
⑦⑦做一枚活棋	李玉瓊編譯	130元
⑦⑧面試成功戰略	柯素娥編譯	130元
⑦⑨自我介紹與社交禮儀	柯素娥編譯	150元
⑧⓪說NO的技巧	廖玉山編譯	130元
⑧①瞬間攻破心防法	廖玉山編譯	120元
⑧②改變一生的名言	李玉瓊編譯	130元
⑧③性格性向創前程	楊鴻儒編譯	130元
⑧④訪問行銷新竅門	廖玉山編譯	150元
⑧⑤無所不達的推銷話術	李玉瓊編譯	150元

・處 世 智 慧・電腦編號 03

①如何改變你自己	陸明編譯	120元
④幽默說話術	林振輝編譯	120元
⑤讀書36計	黃柏松編譯	120元
⑥靈感成功術	譚繼山編譯	80元
⑧扭轉一生的五分鐘	黃柏松編譯	100元
⑨知人、知面、知其心	林振輝譯	110元
⑩現代人的詭計	林振輝譯	100元
⑫如何利用你的時間	蘇遠謀譯	80元

⑬口才必勝術	黃柏松編譯	120元
⑭女性的智慧	譚繼山編譯	90元
⑮如何突破孤獨	張文志編譯	80元
⑯人生的體驗	陸明編譯	80元
⑰微笑社交術	張芳明譯	90元
⑱幽默吹牛術	金子登著	90元
⑲攻心說服術	多湖輝著	100元
⑳當機立斷	陸明編譯	70元
㉑勝利者的戰略	宋恩臨編譯	80元
㉒如何交朋友	安紀芳編著	70元
㉓鬥智奇謀（諸葛孔明兵法）	陳炳崑著	70元
㉔慧心良言	亦　奇著	80元
㉕名家慧語	蔡逸鴻主編	90元
㉗稱霸者啟示金言	黃柏松編譯	90元
㉘如何發揮你的潛能	陸明編譯	90元
㉙女人身態語言學	李常傳譯	130元
㉚摸透女人心	張文志譯	90元
㉛現代戀愛秘訣	王家成譯	70元
㉜給女人的悄悄話	妮倩編譯	90元
㉞如何開拓快樂人生	陸明編譯	90元
㉟驚人時間活用法	鐘文訓譯	80元
㊱成功的捷徑	鐘文訓譯	70元
㊲幽默逗笑術	林振輝著	120元
㊳活用血型讀書法	陳炳崑譯	80元
㊴心　燈	葉于模著	100元
㊵當心受騙	林顯茂譯	90元
㊶心・體・命運	蘇燕謀譯	70元
㊷如何使頭腦更敏銳	陸明編譯	70元
㊸宮本武藏五輪書金言錄	宮本武藏著	100元
㊺勇者的智慧	黃柏松編譯	80元
㊼成熟的愛	林振輝譯	120元
㊽現代女性駕馭術	蔡德華著	90元
㊾禁忌遊戲	酒井潔著	90元
52摸透男人心	劉華亭編譯	80元
53如何達成願望	謝世輝著	90元
54創造奇蹟的「想念法」	謝世輝著	90元
55創造成功奇蹟	謝世輝著	90元
56男女幽默趣典	劉華亭譯	90元
57幻想與成功	廖松濤譯	80元
58反派角色的啟示	廖松濤編譯	70元
59現代女性須知	劉華亭編著	75元

⑥①機智說話術	劉華亭編譯	100元
⑥②如何突破內向	姜倩怡編譯	110元
⑥④讀心術入門	王家成編譯	100元
⑥⑤如何解除內心壓力	林美羽編著	110元
⑥⑥取信於人的技巧	多湖輝著	110元
⑥⑦如何培養堅強的自我	林美羽編著	90元
⑥⑧自我能力的開拓	卓一凡編著	110元
⑦⓪縱橫交涉術	嚴思圖編著	90元
⑦①如何培養妳的魅力	劉文珊編著	90元
⑦②魅力的力量	姜倩怡編著	90元
⑦③金錢心理學	多湖輝著	100元
⑦④語言的圈套	多湖輝著	110元
⑦⑤個性膽怯者的成功術	廖松濤編譯	100元
⑦⑥人性的光輝	文可式編著	90元
⑦⑧驚人的速讀術	鐘文訓編譯	90元
⑦⑨培養靈敏頭腦秘訣	廖玉山編著	90元
⑧⓪夜晚心理術	鄭秀美編譯	80元
⑧①如何做個成熟的女性	李玉瓊編著	80元
⑧②現代女性成功術	劉文珊編著	90元
⑧③成功說話技巧	梁惠珠編譯	100元
⑧④人生的真諦	鐘文訓編譯	100元
⑧⑤妳是人見人愛的女孩	廖松濤編著	120元
⑧⑦指尖・頭腦體操	蕭京凌編譯	90元
⑧⑧電話應對禮儀	蕭京凌編著	120元
⑧⑨自我表現的威力	廖松濤編譯	100元
⑨⓪名人名語啟示錄	喬家楓編著	100元
⑨①男與女的哲思	程鐘梅編譯	110元
⑨②靈思慧語	牧 風著	110元
⑨③心靈夜語	牧 風著	100元
⑨④激盪腦力訓練	廖松濤編譯	100元
⑨⑤三分鐘頭腦活性法	廖玉山編譯	110元
⑨⑥星期一的智慧	廖玉山編譯	100元
⑨⑦溝通說服術	賴文琇編譯	100元
⑨⑧超速讀超記憶法	廖松濤編譯	140元

・健康與美容・電腦編號 04

①B型肝炎預防與治療	曾慧琪譯	130元
③媚酒傳（中國王朝秘酒）	陸明主編	120元
④藥酒與健康果菜汁	成玉主編	150元
⑤中國回春健康術	蔡一藩著	100元

⑥奇蹟的斷食療法	蘇燕謀譯	110元
⑧健美食物法	陳炳崑譯	120元
⑨驚異的漢方療法	唐龍編著	90元
⑩不老強精食	唐龍編著	100元
⑪經脈美容法	月乃桂子著	90元
⑫五分鐘跳繩健身法	蘇明達譯	100元
⑬睡眠健康法	王家成譯	80元
⑭你就是名醫	張芳明譯	90元
⑮如何保護你的眼睛	蘇燕謀譯	70元
⑲釋迦長壽健康法	譚繼山譯	90元
⑳腳部按摩健康法	譚繼山譯	120元
㉑自律健康法	蘇明達譯	90元
㉓身心保健座右銘	張仁福著	160元
㉔腦中風家庭看護與運動治療	林振輝譯	100元
㉕秘傳醫學人相術	成玉主編	120元
㉖導引術入門(1)治療慢性病	成玉主編	110元
㉗導引術入門(2)健康・美容	成玉主編	110元
㉘導引術入門(3)身心健康法	成玉主編	110元
㉙妙用靈藥・蘆薈	李常傳譯	150元
㉚萬病回春百科	吳通華著	150元
㉛初次懷孕的10個月	成玉編譯	130元
㉜中國秘傳氣功治百病	陳炳崑編譯	130元
㉞仙人成仙術	陸明編譯	100元
㉟仙人長生不老學	陸明編譯	100元
㊱釋迦秘傳米粒刺激法	鐘文訓譯	120元
㊲痔・治療與預防	陸明編譯	130元
㊳自我防身絕技	陳炳崑編譯	120元
㊴運動不足時疲勞消除法	廖松濤譯	110元
㊵三溫暖健康法	鐘文訓編譯	90元
㊸維他命與健康	鐘文訓譯	150元
㊺森林浴—綠的健康法	劉華亭編譯	80元
㊼導引術入門(4)酒浴健康法	成玉主編	90元
㊽導引術入門(5)不老回春法	成玉主編	90元
㊾山白竹（劍竹）健康法	鐘文訓譯	90元
㊿解救你的心臟	鐘文訓編譯	100元
51牙齒保健法	廖玉山譯	90元
52超人氣功法	陸明編譯	110元
53超能力秘密開發法	廖松濤譯	80元
54借力的奇蹟(1)	力拔山著	100元
55借力的奇蹟(2)	力拔山著	100元
56五分鐘小睡健康法	呂添發撰	120元

㊼禿髮、白髮預防與治療	陳炳崑撰	120元
㊾艾草健康法	張汝明編譯	90元
⑥⓪一分鐘健康診斷	蕭京凌編譯	90元
⑥①念術入門	黃靜香編譯	90元
⑥②念術健康法	黃靜香編譯	90元
⑥③健身回春法	梁惠珠編譯	100元
⑥④姿勢養生法	黃秀娟編譯	90元
⑥⑤仙人瞑想法	鐘文訓譯	120元
⑥⑥人蔘的神效	林慶旺譯	100元
⑥⑦奇穴治百病	吳通華著	120元
⑥⑧中國傳統健康法	靳海東著	100元
⑥⑨下半身減肥法	納他夏・史達賓著	110元
⑦⓪使妳的肌膚更亮麗	楊　皓編譯	100元
⑦①酵素健康法	楊　皓編譯	120元
⑦③腰痛預防與治療	五味雅吉著	100元
⑦④如何預防心臟病・腦中風	譚定長等著	100元
⑦⑤少女的生理秘密	蕭京凌譯	120元
⑦⑥頭部按摩與針灸	楊鴻儒譯	100元
⑦⑦雙極療術入門	林聖道著	100元
⑦⑧氣功自療法	梁景蓮著	120元
⑦⑨大蒜健康法	李玉瓊編譯	100元
⑧①健胸美容秘訣	黃靜香譯	120元
⑧②鍺奇蹟療效	林宏儒譯	120元
⑧③三分鐘健身運動	廖玉山譯	120元
⑧④尿療法的奇蹟	廖玉山譯	120元
⑧⑤神奇的聚積療法	廖玉山譯	120元
⑧⑥預防運動傷害伸展體操	楊鴻儒編譯	120元
⑧⑧五日就能改變你	柯素娥譯	110元
⑧⑨三分鐘氣功健康法	陳美華譯	120元
⑨⓪痛風劇痛消除法	余昇凌譯	120元
⑨①道家氣功術	早島正雄著	130元
⑨②氣功減肥術	早島正雄著	120元
⑨③超能力氣功法	柯素娥譯	130元
⑨④氣的瞑想法	早島正雄著	120元

•家庭／生活• 電腦編號05

①單身女郎生活經驗談	廖玉山編著	100元
②血型・人際關係	黃靜編著	120元
③血型・妻子	黃靜編著	110元
④血型・丈夫	廖玉山編譯	130元

⑤血型・升學考試	沈永嘉編譯	120元
⑥血型・臉型・愛情	鐘文訓編譯	120元
⑦現代社交須知	廖松濤編譯	100元
⑧簡易家庭按摩	鐘文訓編譯	150元
⑨圖解家庭看護	廖玉山編譯	120元
⑩生男育女隨心所欲	岡正基編著	160元
⑪家庭急救治療法	鐘文訓編著	100元
⑫新孕婦體操	林曉鐘譯	120元
⑬從食物改變個性	廖玉山編譯	100元
⑭藥草的自然療法	東城百合子著	200元
⑮糙米菜食與健康料理	東城百合子著	180元
⑯現代人的婚姻危機	黃　靜編著	90元
⑰親子遊戲　0歲	林慶旺編譯	100元
⑱親子遊戲　1～2歲	林慶旺編譯	110元
⑲親子遊戲　3歲	林慶旺編譯	100元
⑳女性醫學新知	林曉鐘編譯	130元
㉑媽媽與嬰兒	張汝明編譯	180元
㉒生活智慧百科	黃　靜編譯	100元
㉓手相・健康・你	林曉鐘編譯	120元
㉔菜食與健康	張汝明編譯	110元
㉕家庭素食料理	陳東達著	140元
㉖性能力活用秘法	米開・尼里著	150元
㉗兩性之間	林慶旺編譯	120元
㉘性感經穴健康法	蕭京凌編譯	150元
㉙幼兒推拿健康法	蕭京凌編譯	100元
㉚談中國料理	丁秀山編著	100元
㉛舌技入門	增田豐　著	160元
㉜預防癌症的飲食法	黃靜香編譯	150元
㉝性與健康寶典	黃靜香編譯	180元
㉞正確避孕法	蕭京凌編譯	130元
㉟吃的更漂亮美容食譜	楊萬里著	120元
㊱圖解交際舞速成	鐘文訓編譯	150元
㊲觀相導引術	沈永嘉譯	130元
㊳初為人母12個月	陳義譯	130元
㊴圖解麻將入門	顧安行編譯	160元
㊵麻將必勝秘訣	石利夫編譯	160元
㊶女性一生與漢方	蕭京凌編譯	100元
㊷家電的使用與修護	鐘文訓編譯	160元
㊸錯誤的家庭醫療法	鐘文訓編譯	100元
㊹簡易防身術	陳慧珍編譯	130元
㊺茶健康法	鐘文訓編譯	130元

㊻雞尾酒大全	劉雪卿譯	180元
㊼生活的藝術	沈永嘉編著	120元
㊽雜草雜果健康法	沈永嘉編著	120元
㊾如何選擇理想妻子	荒谷慈著	110元
㊿如何選擇理想丈夫	荒谷慈著	110元
51中國食與性的智慧	根本光人著	150元
52開運法話	陳宏男譯	100元
53禪語經典＜上＞	平田精耕著	150元
54禪語經典＜下＞	平田精耕著	150元
55手掌按摩健康法	鐘文訓譯	180元
56脚底按摩健康法	鐘文訓譯	150元
57仙道運氣健身法	高藤聰一郎著	150元
58健心、健體呼吸法	蕭京凌譯	120元
59自彊術入門	蕭京凌譯	120元
60指技入門	增田豐著	160元
61下半身鍛鍊法	增田豐著	180元
62表象式學舞法	黃靜香編譯	180元
63圖解家庭瑜伽	鐘文訓譯	130元
64食物治療寶典	黃靜香編譯	130元
65智障兒保育入門	楊鴻儒譯	130元
66自閉兒童指導入門	楊鴻儒譯	180元
67乳癌發現與治療	黃靜香譯	130元
68盆栽培養與欣賞	廖啟新編譯	180元
69世界手語入門	蕭京凌編譯	180元
70賽馬必勝法	李錦雀編譯	200元
71中藥健康粥	蕭京凌編譯	120元
72健康食品指南	劉文珊編譯	130元
73健康長壽飲食法	鐘文訓編譯	150元
74夜生活規則	增田豐著	120元
75自製家庭食品	鐘文訓編譯	200元
76仙道帝王招財術	廖玉山譯	130元
77「氣」的蓄財術	劉名揚譯	130元
78佛教健康法入門	劉名揚譯	130元
79男女健康醫學	郭汝蘭譯	150元
80成功的果樹培育法	張煌編譯	130元
81實用家庭菜園	孔翔儀編譯	130元
82氣與中國飲食法	柯素娥編譯	130元
83世界生活趣譚	林其英著	160元
84胎教二八〇天	鄭淑美譯	180元
85酒自己動手釀	柯素娥編著	160元
86自己動「手」健康法	手嶋昇著	160元

⑻香味活用法	森田洋子著	160元
⑻寰宇趣聞搜奇	林其英著	200元

・命理與預言・電腦編號06

①星座算命術	張文志譯	120元
③圖解命運學	陸明編著	200元
④中國秘傳面相術	陳炳崑編著	110元
⑤輪迴法則（生命轉生的秘密）	五島勉著	80元
⑥命名彙典	水雲居士編著	180元
⑦簡明紫微斗術命運學	唐龍編著	130元
⑧住宅風水吉凶判斷法	琪輝編譯	180元
⑨鬼谷算命秘術	鬼谷子著	150元
⑩中國算命占星學	陸　明著	120元
⑪女性星魂術	岩滿羅門著	200元
⑫簡明四柱推命學	李常傳編譯	150元
⑬手相鑑定奧秘	高山東明著	200元
⑭簡易精確手相	高山東明著	200元
⑮啟示錄中的世界末日	蘇燕謀編譯	80元
⑯簡明易占學	黃小娥著	100元
⑰指紋算命學	邱夢蕾譯	90元
⑱樸克牌占卜入門	王家成譯	100元
⑲Ａ血型與十二生肖	鄒雲英編譯	90元
⑳Ｂ血型與十二生肖	鄒雲英編譯	90元
㉑Ｏ血型與十二生肖	鄒雲英編譯	100元
㉒ＡＢ血型與十二生肖	鄒雲英編譯	90元
㉓筆跡占卜學	周子敬著	120元
㉔神秘消失的人類	林達中譯	80元
㉕世界之謎與怪談	陳炳崑譯	80元
㉖符咒術入門	柳玉山人編	150元
㉗神奇的白符咒	柳玉山人編	160元
㉘神奇的紫符咒	柳玉山人編	200元
㉙秘咒魔法開運術	吳慧鈴編譯	180元
㉚中國式面相學入門	蕭京凌編著	90元
㉛改變命運的手相術	鐘文訓編著	120元
㉜黃帝手相占術	鮑黎明著	230元
㉝惡魔的咒法	杜美芳譯	230元
㉞腳相開運術	王瑞禎譯	130元
㉟面相開運術	許麗玲譯	150元
㊱房屋風水與運勢	邱震睿編譯	160元
㊲商店風水與運勢	邱震睿編譯	200元

國家圖書館出版品預行編目資料

與癌搏鬥記／逸見政孝著，逸見晴惠補筆，
陳蒼杰譯，--初版，--臺北市，大展，民85
面；　公分，--（健康天地；48）
譯自：ガン再発す
ISBN 957-557-599-7（平裝）

1.逸見政孝－傳記

783.18　　85004217

與癌搏鬥記　　ISBN 957-557-599-7

原著者／逸見政孝　　補　筆／逸見晴惠
編譯者／陳蒼杰　　承印者／國順圖書印刷公司
發行人／蔡森明　　裝　訂／嶸興裝訂有限公司
出版者／大展出版社有限公司　　排版者／千賓電腦打字有限公司
社　址／台北市北投區（石牌）致遠一路二段12巷1號　　電　話／（02）8836052
初　版／1996年（民85年）6月
電　話／(02) 8236031・8236033
傳　眞／(02) 8272069
郵政劃撥／0166955－1　　定　價／180元
登記證／局版臺業字第2171號

大展好書 好書大展